R.E.I. Editions

Tutti i nostri ebook possono essere letti sui seguenti dispositivi:
* Computer
* eReader
* iOS
* Android
* Blackberry
* Windows
* Tablet
* Cellulare

**Degregori & Partners**

**Manuale dei Mutui**

Quaderni di Finanza 30

ISBN: 978-2-37297-2390
Disponibile anche in formato Ebook - ISBN: 978-2-37297-1034

Pubblicazione: ottobre 2014
Nuova edizione aggiornata agosto 2022
Copyright © 2014 - 2022 R.E.I. Editions
www.rei-editions.com

Le informazioni sui prodotti finanziari e i commenti ai mercati espressi in questo volume non rappresentano in alcun modo una raccomandazione all'acquisto o alla vendita di titoli. Nessuna informazione contenuta nel presente testo costituisce o deve essere interpretata come un consiglio di investimento, legale o fiscale: una consulenza professionale e specifica è sempre indispensabile prima di prendere qualsiasi decisione di investimento.

I Quaderni di Finanza hanno lo scopo di promuovere la diffusione dell'informazione economico-finanziaria sui temi relativi ai mercati mobiliari nazionali e internazionali e alla loro regolamentazione.

# Piano dell'opera

Degregori & Partners

# Manuale dei Mutui

## Quaderni di Finanza (30)

R.E.I. Editions

# Indice

## Il Mutuo

Il mutuo è una delle forme di finanziamento più diffuse. Per le sue caratteristiche finanziarie viene, in genere, impiegato per effettuare l'acquisto o la ristrutturazione della casa di proprietà. Con il mutuo, la banca trasferisce una certa quantità di denaro al richiedente che, da parte sua, è tenuto alla restituzione dell'importo concesso (capitale erogato) e al pagamento di interessi da calcolare sulla base di un parametro finanziario (tasso di interesse). L'adempimento avviene in modo graduale nel tempo (durata del mutuo), attraverso versamenti periodici (le rate), la cui cadenza può variare da mensile ad annuale.
Si definisce:
- Mutuatario colui che riceve il mutuo.
- Mutuante colui che lo concede.

Di norma, il mutuo rappresenta una forma di finanziamento meno onerosa rispetto ad altre poiché, a favore della banca, viene costituita una garanzia sul bene, che nel caso di acquisto di una casa è rappresentata dall'ipoteca. Al pagamento degli interessi possono aggiungersi ulteriori costi connessi con l'acquisto del bene immobile (per istruttoria della pratica, perizia sul bene, premi assicurativi, costi notarili). L'ISC (Indicatore Sintetico di Costo), un indice che gli intermediari devono obbligatoriamente rendere noto al cliente prima della sottoscrizione del contratto, offre una sintetica misura del costo complessivo del finanziamento. In linea generale, i mutui si distinguono in base alla tipologia di tasso di interesse prescelto. Se fisso, il tasso di interesse rimane costante durante tutta la durata del mutuo; se variabile, invece, il tasso può mutare nel tempo, in aumento ma anche in diminuzione, rispetto a quello di partenza in funzione dell'andamento di un determinato parametro di riferimento scelto dalla banca (tasso EURIBOR). La rata del mutuo, invece, dipende dal piano di ammortamento prescelto: esistono rate fisse con tassi variabili, rate costanti, ma anche crescenti o decrescenti, con tasso fisso.

La scelta del mutuo più confacente alle esigenze personali deve basarsi su un'attenta valutazione del peso della rata sul proprio reddito, anche futuro, e sulla propria capacità di risparmio.

Scelte ponderate e consapevoli richiedono attenzione su: importo del finanziamento, durata del contratto e tipologia di tasso. Recenti provvedimenti legislativi (Decreto "Bersani" n. 7/2007, convertito nella legge n. 40/2007) hanno reso più agevole il rimborso anticipato del mutuo; le penali finora applicate dalle banche sono state eliminate per i nuovi mutui e ridotte per quelli già in essere all'entrata in vigore del decreto (2 febbraio 2007). Il mutuo ipotecario è un prestito che prevede il rilascio al mutuante di una garanzia reale su un bene immobile, l'ipoteca. L'ipoteca è un diritto reale di garanzia che si costituisce mediante l'iscrizione nei Registri Immobiliari; l'ipoteca vincola un bene immobile o un bene mobile registrato e garantisce il creditore anche nel caso in cui il bene fosse ceduto a terzi. L'ipoteca può essere legale, giudiziale o volontaria.

L'ipoteca attribuisce al creditore il diritto di espropriare i beni vincolati a garanzia del suo credito nei casi di inadempienza.

Sullo stesso bene possono essere iscritte più ipoteche a garanzia di diversi crediti; il grado dell'ipoteca indica la cronologia dell'iscrizione e la precedenza dei diritti del creditore.

I mutui ipotecari sono garantiti da ipoteca volontaria su beni immobili, tali beni possono essere di proprietà del mutuatario o di terzi, ma in ogni caso solo chi detiene il titolo di proprietà la può concedere. Il Notaio, quale Pubblico Ufficiale, a seguito della sottoscrizione del contratto di mutuo, provvede alla sua iscrizione nei Registri Immobiliari e contestualmente all'iscrizione dell'ipoteca a esso relativa. L'iscrizione ipotecaria ha effetto per 20 anni, trascorsi i quali si estingue, salvo che il creditore non proceda al rinnovo nei casi di contratti con maggior durata. L'estinzione del debito non coincide necessariamente con la cancellazione dell'ipoteca.

L'ipoteca può essere cancellata tramite il Notaio o a mezzo del c.d. Decreto Bersani (L. 40/2007). Nel caso di mutui estinti dopo il 2 Giugno 2007, con la procedura prevista dal Decreto Bersani, la banca ha l'obbligo di procedere entro 30 giorni a inviare all'Agenzia del Territorio, che procederà direttamente alla cancellazione, la comunicazione dell'avvenuta estinzione del debito. Per i mutui estinti prima di tale data è possibile richiedere che la Banca proceda, senza spese, alla comunicazione di estinzione, o in alternativa incaricare un Notaio; in quest'ultimo caso dovranno essergli corrisposti onorario e spese di cancellazione. Le ipoteche legali e giudiziali vengono iscritte sui beni di proprietà del debitore, anche contro la sua volontà, nei casi previsti dalla Legge. Può succedere che, nelle compravendite, emergano prima della sottoscrizione del rogito delle ipoteche preesistenti. In questi casi tali iscrizioni debbono essere cancellate prima della firma del contratto di mutuo, affinché l'ipoteca volontaria iscritta dalla banca a garanzia del mutuo risulti essere di primo grado. La cancellazione delle ipoteche legali e giudiziali deve essere autorizzata, a seconda dei casi, dall'autorità giudiziaria o dal creditore. Quindi l'istituto di credito, pur valutando per la concessione del prestito le caratteristiche reddituali fornite dal mutuatario, iscrive a garanzia del rimborso del finanziamento una ipoteca volontaria su un bene immobile, che può essere di proprietà del mutuatario o anche di una terza persona.

I tassi di interesse applicati sui mutui ipotecari sono in genere più bassi rispetto a quelli dei prestiti personali o chirografari, a fronte di una garanzia reale, l'ipoteca appunto, rilasciata a garanzia del prestito concesso. Pur godendo di un tasso di interesse particolarmente conveniente, i mutui ipotecari sono utilizzati per finanziamenti di importi superiori ai 30/40.000 Euro, per somme inferiori è preferibile ricorrere ai prestiti chirografari o ad altre forme di finanziamento.

L'ipoteca rappresenta per il creditore una garanzia splendida, ma non illimitata. La legge specifica, infatti, che essa ha carattere di specialità e accessorietà, cioè può gravare su un determinato bene e non indistintamente su tutti quelli del debitore. Inoltre deve risultare accessoria a uno specifico credito, così non potrà essere adoperata per rientrare in possesso di debiti diversi da quello a garanzia del quale è stata posta.

Un'ulteriore restrizione è rappresentata dalla somma iscritta, cioè il limite di importo fino a cui il creditore può avanzare pretese. Di solito le banche chiedono che l'importo dell'iscrizione sia pari al doppio del mutuo, talvolta al triplo se la durata del contratto è molto lunga.

Quando i tassi sono bassi si tratta di un'evidente esagerazione, pur considerando che entro tale cifra dovranno risultare ricompresi tutti i crediti presenti e futuri del finanziatore, ovvero capitale, interessi, eventuali spese legali e penale di estinzione anticipata. La scelta di ricorrere all'iscrizione di grandi importi non produce costi diretti, ma potrebbe provocare un danno economico sul fronte dei costi notarili; gli onorari del notaio non risultano, infatti, collegati all'importo del debito, ma proprio alla somma iscritta.

L'esistenza di un'ipoteca di grosso importo sull'immobile può limitare seriamente la possibilità di utilizzarlo a garanzia di altri finanziamenti. Ciò può risultare fastidioso, soprattutto quando il debito residuo si riduce. L'acquisto della prima casa è uno dei momenti economici più importanti e delicati per una persona o per la famiglia. Nella maggior parte dei casi chi acquista la prima casa farà ricorso a un mutuo, perciò i mutui prima casa sono in assoluto i più richiesti dalla clientela. È perciò possibile scegliere tra tutti i generi di tassi d'interesse (mutuo a tasso fisso, mutuo a tasso variabile, mutuo variabile a rata costante, mutuo con CAP, mutuo a tasso BCE) per durate che arrivano fino a 50 anni.

L'accensione di un mutuo prima casa è insomma un'ottima alternativa all'affitto, e consente di divenire proprietari della propria abitazione pagando una rata di mutuo che risulta spesso essere di poco superiore al canone d'affitto mensile.

Ma come destreggiarsi tra i vari tipi di tassi? È meglio scegliere il tasso fisso o il tasso variabile per i mutui prima casa?

Non esiste una risposta universalmente valida, ognuno dovrà scegliere in base alle sue esigenze e alle proprie caratteristiche reddituali. Per poter scegliere è necessario comprendere quali siano le proprie esigenze e priorità (sicurezza, risparmio, versatilità), conoscere la propria capacità di rimborso, le caratteristiche economiche, il tipo di lavoro svolto (autonomo o dipendente) e altri fattori che possono influenzare nel tempo la propria situazione famigliare ed economica per capire quale sia la più adatta tra le molteplici proposte di mutuo offerte dagli istituti di credito. Perciò un lavoratore dipendente sarà più propenso a scegliere per la prima casa un mutuo a tasso fisso, un po' più oneroso ma che garantisce un piano di rimborso predefinito ed esente da rischi, oppure attratto dal momento particolarmente favorevole potrà scegliere un mutuo a tasso variabile, oggi molto meno costoso, ma con la consapevolezza che potrà, con il passare degli anni subire oscillazioni, in diminuzione ma anche in aumento, del tasso d'interesse e quindi della rata. Oppure potrà scegliere di ridurre il rischio di un aumento imprevedibile della rata del mutuo prima casa a tasso variabile attraverso alcune tipologie di mutuo specifiche. Un importante vantaggio per chi decide di acquistare la prima abitazione sottoscrivendo un mutuo è dato dalla possibilità di ottenere specifici benefici fiscali e agevolazioni, in particolare la detraibilità di una parte degli interessi pagati per il rimborso della rata del mutuo dalla dichiarazione dei redditi.

Dalle statistiche è evidente che oggi quasi l'ottanta per cento degli italiani è proprietario di una casa. Potrebbe sfuggirci il motivo per il quale si debba procedere all'acquisto della seconda casa attraverso un mutuo, con l'onere degli interessi. L'acquirente della seconda casa non ha sempre lo scopo di investire un capitale già posseduto, ma anzi sempre più spesso l'acquisto di una seconda abitazione è legato ad altre motivazioni. Per molte di queste persone già proprietarie di casa il desiderio di acquistare una seconda casa corrisponde anche al duplice scopo di effettuare un buon investimento, accantonando nel tempo un piccolo capitale mediante il pagamento di una quota mensile, e contestualmente poter godere da subito dei benefici della proprietà, utilizzando l'immobile in prima persona oppure affittandolo. Si verificano anche diversi casi di persone che sottoscrivono un mutuo seconda casa per acquistare l'abitazione da mettere a disposizione di un figlio o un parente stretto, o per necessità di cambio di residenza legato a nuove opportunità di lavoro, senza però vendere la casa già posseduta. Negli ultimi anni abbiamo assistito a una notevole crescita di questo settore del mercato immobiliare e ciò è avvenuto anche grazie al mutuo seconda casa. A parte brevi periodi in cui anche i beni immobili hanno subito modesti deprezzamenti, come il momento attuale o quello all'inizio degli anni '90, a medio e lungo termine l'immobile non ha mai tradito le aspettative e si può con certezza affermare che questo genere di investimento garantisce come minimo la conservazione, al netto dell'inflazione, del capitale investito, e di questi tempi non è cosa da poco, con la possibilità di ottenere in più una rendita annua grazie alla locazione o il risparmio dell'affitto nel caso di uso personale della casa. Per i tassi e le condizioni dei mutui seconda casa valgono tutte le considerazioni già espresse per i finanziamenti relativi all'acquisto della prima casa.

## Il Mutuo Fondiario

Il Mutuo Fondiario è un mutuo ipotecario a medio o lungo termine, con durata minima di 18 mesi, garantito da ipoteca di primo grado su immobili, concesso a condizioni agevolate esclusivamente da banche autorizzate (D.Lgs. n° 385 del 1° settembre 1993 Artt. da 38 a 42 (Testo Unico delle leggi in materia bancaria e creditizia). I mutui fondiari sono soggetti a un limite massimo di finanziamento, attualmente pari all'80% del valore dell'immobile offerto in garanzia.
La somma mutuata non viene erogata dalla banca contestualmente alla firma del contratto di mutuo ma può essere resa disponibile solo dopo il consolidamento dell'ipoteca, che avviene trascorsi 10 giorni dall'iscrizione ipotecaria.
È tuttavia possibile ottenere un pre-finanziamento perché la somma mutuata sia anticipata dalla banca contestualmente alla sottoscrizione del contratto di mutuo, in tal caso saranno dovuti gli interessi di pre-ammortamento fino al consolidamento dell'ipoteca e alla effettiva erogazione del mutuo fondiario.
I mutui fondiari godono dell'agevolazione nei costi notarili.

## Il Mutuo per Costruzione e Ristrutturazione

Quello dei Mutui per costruzione e ristrutturazione casa è un settore in crescita grazie alle agevolazione fiscali per le ristrutturazioni e al Piano Casa. I Mutui per Costruzione,

Ampliamento e Ristrutturazione casa differiscono in genere dai classici mutui destinati esclusivamente all'acquisto, per le modalità di erogazione, che possono variare in base all'entità del prestito richiesto e allo stato di avanzamento dei lavori.
Le possibilità di scelta sono:

- Erogazione unica a inizio lavori: è generalmente concedibile se il mutuo richiesto è di un importo contenuto in rapporto al valore attuale dell'immobile.
- Erogazione del mutuo unica a fine lavori: la più semplice e la migliore per la banca ma che non sempre corrisponde alle esigenze di finanziamento del mutuatario.
- Erogazione a stato avanzamento lavori: è utilizzato sia nei mutui per costruzione e ampliamento casa che in quelli per ristrutturazione. Dato che il valore dell'immobile si accrescerà man mano che saranno portati a termine le opere edilizie, il mutuo viene erogato a tranche predeterminate in funzione degli stati di avanzamento delle opere edili. Il pagamento degli interessi viene liquidato sulle sole somme utilizzate e l'ammortamento decorre dal termine delle opere.

## I Mutui per Rinegoziazione, Sostituzione, Surroga

La portabilità e surroga dei mutui consiste in sostanza nella possibilità per il mutuatario di passare da una banca a un'altra che offre condizioni più vantaggiose, senza costi aggiuntivi. La surroga di un mutuo è disciplinata dal Codice Civile, ma tale possibilità è stata in passato esclusa per contratto dalle banche, fino a quando la Legge 40/2007, la cosiddetta Legge Bersani Bis per la portabilità, ha previsto per il mutuatario il diritto all'esercizio della facoltà di surrogazione già prevista dal codice civile. La stessa Legge Bersani prevede che nel caso di sostituzione per surroga del mutuo non vi sia nessun costo a carico del debitore, costi peraltro ridotti al minimo dato che non sarà necessario procedere a una nuova iscrizione ipotecaria, perciò il costo notarile ed eventuali altre spese dovranno essere a carico della banca subentrante. Il mutuatario, oltre a non sopportare alcun costo per la surrogazione del mutuo originario, manterrà anche tutti gli eventuali benefici fiscali a esso legati.

I vantaggi e le regole nella sostituzione per surrogazione dei mutui sono:

- L'importo del nuovo mutuo in surroga dovrà coincidere con il capitale residuo del mutuo originario.
- Non è necessaria nessuna nuova iscrizione ipotecaria.
- La facoltà di surrogazione può essere praticata per tutte le tipologie di mutui e finanziamenti bancari.
- Non ci sono spese notarili a carico del mutuatario.
- Non deve essere versata nessuna imposta.
- Nessuna spesa di istruttoria.
- Niente costi di perizia per la sostituzione del mutuo.

Oggi la durata dei mutui può arrivare fino a 50 anni e in un mondo che cambia così rapidamente la portabilità e la surroga del mutuo è una importante occasione per poter gestire nel tempo la propria situazione debitoria, e poter mantenere negli anni le condizioni economiche migliori e aggiornate.

**I Mutui per Liquidità**

I mutui per liquidità aiutano la famiglia se sorgono necessità impreviste, legate a volte a esigenze riguardanti la persona, la salute, il desiderio di acquisto di particolari beni, oppure può essere necessario aiutare i figli in una nuova attività, o ancora investire nell'impresa di famiglia. Esigenze che possono risultare eccessivamente costose e spesso difficili da finanziare con dei prestiti fiduciari, che hanno un tasso d'interesse elevato e sono vincolati da tempi di rimborso limitati.

Inoltre la banca vede sempre di buon occhio la possibilità di ottenere, a fronte di un prestito per liquidità, una reale garanzia per il rimborso quale è l'ipoteca, che premia con interessi più contenuti. In questi casi una soluzione davvero interessante è costituita dal mutuo per liquidità, un prestito che non è finalizzato a un obiettivo specifico come l'acquisto o la ristrutturazione di un immobile. Le somme ricavate dal mutuo possono, perciò, essere utilizzate dal mutuatario secondo le sue esigenze per l'utilizzo a lui necessario, senza particolari obblighi nei confronti della banca se non il rimborso del mutuo nei termini pattuiti. In alcuni casi è possibile includere nel mutuo per liquidità anche il consolidamento di prestiti preesistenti.

**Il Mutuo consolidamento debiti**

In un periodo che può risultare straordinariamente difficile a livello economico, si può rendere necessario risolvere il problema di uno o più debiti con tassi d'interesse eccessivamente alti, o che hanno oggi una rata mensile troppo onerosa. Una delle soluzioni è scegliere un mutuo consolidamento debiti, un mutuo ipotecario che consente di dilazionare il debito in un periodo più lungo, con un tasso d'interesse molto più conveniente e, quindi, di godere di una rata mensile molto più 'leggera'.

- E' possibile abbinare al mutuo consolidamento debiti una somma aggiuntiva e richiedere un mutuo liquidità.

I mutui consolidamento debiti, fornendo alla banca delle garanzie reali sul prestito mediante l'iscrizione di ipoteca volontaria su un bene immobile, consentono al mutuatario di ridurre al massimo i costi degli interessi legati al prestito, con l'opportunità di dilazionare il rimborso in un periodo più lungo in modo da ottenere una rata mensile sostenibile. Le somme ricavate dal mutuo possono perciò essere utilizzate dal mutuatario per l'estinzione (consolidamento) dei debiti pregressi e la liquidità per l'acquisto desiderato.

**I Mutui per immobili a uso diverso dall'abitazione**

Per immobili a uso diverso si intendono tutti quegli immobili non adibiti ad abitazione. Sono unità immobiliari che spesso, ma non sempre, sono acquistate da imprenditori o da società.
Anche molti privati sono interessati all'acquisto di immobili di tal genere, che successivamente verranno destinati all'utilizzo

diretto o per l'impresa di famiglia piuttosto che per l'affitto a terzi, garantendo un rendimento sull'investimento effettuato che solitamente è superiore a quello della locazione di immobili abitativi. Le caratteristiche e le condizioni applicate dagli istituti bancari sui mutui per gli immobili a uso diverso dall'abitazione, che siano loft, uffici, negozi, fabbricati commerciali, artigianali o industriali, sono abbastanza simili a quelle per mutui per acquisto di una casa ma possono variare i requisiti richiesti e cioè:

- Rapporto LTV differenziato a seconda della destinazione d'uso (LTV = Loan To Value = Rapporto tra Mutuo e Valore dell'immobile).
- Durata del rimborso limitata a un periodo massimo di 20 anni.

## Il Mutuo edilizio

Gli imprenditori del settore immobiliare, che siano imprese di costruzione, cooperative edilizie o società immobiliari, possono utilizzare specifici mutui, i mutui edilizi, finalizzati a finanziare operazioni immobiliari di costruzione e ristrutturazione di immobili di qualsiasi genere: abitativi, commerciali e industriali. I mutui edilizi, che per caratteristica sono molto simili ai mutui per costruzione e ristrutturazione, sono regolati dalla disciplina dei mutui fondiari e sono erogati, come nel caso dei mutui per costruzione e ristrutturazione, per stato di avanzamento lavori. Di fatto il mutuo edilizio è un mutuo ponte che serve per un periodo limitato al costruttore per portare a conclusione le opere edilizie; il mutuo edilizio sarà poi frazionato e accollato agli acquirenti degli immobili.

Per questo motivo il mutuo edilizio prevede in genere una prima fase nella quale vengono rimborsati dal costruttore i soli interessi passivi, e quindi contestualmente al frazionamento del mutuo e accollo agli acquirenti finali e da questi ultimi vengono definiti la durata, il tipo di tasso, la rateizzazione e il relativo piano di ammortamento.

Contestualmente all'atto di cessione delle singole unità immobiliare il Notaio provvede al frazionamento dell'ipoteca per la quota di competenza di ogni unità immobiliare e all'accollo a ogni acquirente della sua parte di mutuo. Non bisogna però pensare che l'acquirente dell'immobile in costruzione sia obbligato all'accollo del mutuo edilizio.

Qualora l'acquirente decidesse di stipulare il mutuo con un altro istituto di credito la porzione immobiliare di competenza sarà svincolata dal mutuo edilizio con cancellazione della relativa ipoteca e contestualmente al rogito di vendita sarà stipulato il nuovo mutuo con un'altra banca gradita all'acquirente.

**Il prestito vitalizio ipotecario**

Ereditato dal sistema anglosassone, il prestito vitalizio, noto anche come "reverse mortgage" è una recente novità per l'Italia. Permette ai proprietari di casa, dopo il compimento del sessantesimo anno di età, di ottenere facilmente liquidità ipotecando l'immobile senza obbligo di rimborso fino alla morte del titolare della proprietà e dell'eventuale coniuge, pur continuando ad abitare la casa. Nel caso di vendita della casa dovrà essere invece liquidato il prestito.

In Gran Bretagna il prodotto è stato lanciato nel 1999 e dal dicembre del 2005 il prestito vitalizio ipotecario è stato introdotto anche in Italia con le seguenti caratteristiche: "Il prestito vitalizio ipotecario ha per oggetto la concessione da parte di aziende e istituti di credito, nonché da parte di intermediari finanziari, di finanziamenti a medio e lungo termine con capitalizzazione annuale di interessi e spese, e rimborso integrale in unica soluzione alla scadenza, assistiti da ipoteca di primo grado su immobili residenziali, riservati a persone fisiche con età superiore ai 65 anni compiuti".

- Il 6 maggio 2015 è entrata in vigore la Legge n. 44 del 2 aprile 2015 che ha apportato alcune modifiche, tra cui, in primis, l'abbassamento del requisito anagrafico per ottenere un prestito vitalizio, abbassando l'età minima richiesta dai 65 anni agli attuali 60 anni.

Il 16 febbraio 2016 la Corte dei Conti ha registrato il regolamento nella Gazzetta Ufficiale (GU n.38 del 16-2-2016) e il provvedimento è entrato in vigore il 2 marzo 2016. Il prestito vitalizio è un finanziamento a lungo termine assistito da ipoteca di primo grado sull'immobile di residenza. Il finanziamento è ideato in modo tale da non prevedere rimborsi di alcun tipo, nemmeno per gli interessi, fino alla morte del contraente, o, se cointestato, a una coppia di ultra sessantenni, con la scomparsa del coniuge più longevo. Spese e interessi vengono capitalizzati e sono dovuti solo a scadenza. Il rimborso, a meno di rimborso volontario anticipato da parte del sottoscrittore, è a carico degli eredi. Il prestito non prevede quindi il pagamento di alcuna rata per tutta la sua durata ma capitale e interessi sono capitalizzati fino a scadenza e maturano interessi. In taluni casi il prodotto può essere abbinato a una clausola contrattuale che limita il valore del debito a carico degli eredi al valore di realizzo dell'immobile dato in garanzia: in tal caso è la società finanziaria che si accolla l'eventuale debito eccedente rinunciando a rivalersi nei confronti degli eredi a condizione che il rimborso avvenga a fronte della vendita dell'immobile per tramite di un curatore indipendente e a prezzo di mercato. L'importo del prestito è generalmente compreso tra un minimo del 15% e un massimo del 50% del valore dell'immobile dipendentemente dall'età del mutuatario (più alta l'età, maggiore l'importo del finanziamento) e dal valore dell'immobile. Il valore dell'immobile è normalmente determinato con una perizia realizzata da un perito immobiliare su indicazione del soggetto finanziatore. Per lo più sono ammesse tutte le tipologie di immobili, ma il prestito viene normalmente rifiutato in presenza di immobili di bassa rivendibilità o in presenza di rischi ambientali. Il prestito vitalizio ipotecario non viene quindi generalmente concesso a fronte di:

- Rustici e immobili non residenziali.
- Immobili in zone a elevato rischio sismico, a meno di idonea copertura assicurativa.
- Immobili gravati da vincoli artistici, paesistici o idrogeologici o senza concessione edilizia.
- Immobili gravati di ipoteca, fatta salva l'ipotesi di cancellazione dell'ipoteca preesistente.

Al decesso gli eredi hanno dodici mesi per far fronte al debito lasciato dal defunto: se non vi ottemperano la banca mette in vendita la casa e versa agli eredi l'eventuale differenza tra quanto incassato e il suo credito. Qualora non ci fossero eredi, o questi non procedessero al rimborso, il finanziamento viene estinto con la vendita dell'immobile, ma sempre allo scadere dei 12 mesi dalla data di scadenza del finanziamento.
Vediamo adesso da chi può essere concesso il mutuo.

- **Le banche ordinarie**

La banca ordinaria oggi, nel nostro ordinamento, è un ente creditizio che non solo può raccogliere risparmio ed erogare credito a breve, medio o lungo termine, ma può anche operare in tutti i settori del mercato finanziario. Così sotto il profilo operativo la banca ordinaria coincide oggi con il concetto di banca universale e cioè quel soggetto il quale esercita sia l'attività bancaria che ogni altra attività finanziaria. Si tratta, di fatto, di una vasta gamma di operazioni finanziarie e di servizi offerti, tra le quali: leasing, servizi di pagamento, emissione e la gestione di carte di credito, locazione di cassette di sicurezza, servizi di consulenza alle imprese, attività di gestione finanziaria. Quanto premesso è una delle principali cause che hanno generato il fenomeno al quale, oggi, assistiamo che potremmo definire come di "inasprimento della concorrenza" nel sistema bancario. Si consideri, inoltre, che è altresì venuto meno il previgente monopolio esercitato dalla Banca d'Italia, la quale discrezionalmente decideva o meno se conferire a un ente creditizio lo "status" di banca. Nell'odierno assetto economico-legislativo, coadiuvato dal più generale principio di vigilanza sul sistema bancario nazionale finalizzato alla realizzazione di un mercato unico europeo, il principio della concorrenza nel sistema bancario si è uniformato a quello di qualsiasi altro tassello che compone l'intera struttura dell'economia.

- **Le banche specializzate**

La struttura finanziaria di un'economia è composta anche dall'insieme di tutti gli intermediari e, cioè, di quei soggetti i quali, inseriti nell'ambito di un complesso equilibrio, esercitano la raccolta del risparmio trasferendo risorse dai soggetti che ne dispongono a quelli che, invece, ne necessitano.

L'introduzione del Testo Unico Bancario, che ha abrogato quasi completamente il precedente assetto normativo, ha rivoluzionato l'intero sistema bancario italiano definendo una nuova concezione di banca con riferimento alle attività da questa svolte nonché struttura e funzioni. Quanto premesso, frutto della preminente necessità di creare un sistema economico coerente con il più complesso assetto europeo, ha determinando l'insorgere delle banche specializzate che si differenziano da quelle ordinarie principalmente per la peculiarità delle attività svolte. Dopo il 1993 il sistema bancario italiano ha subito uno scossone dall'introduzione del principio di "despecializzazione", ovvero di una sorta di principio di "pluralismo allargato", basato sulla necessità di riconoscere e autorizzare il sorgere di enti creditizi con funzioni diverse rispetto a quelle proprie della banca ordinaria, favorendo la nascita delle c.d. banche specializzate, e cioè soggetti i quali, seppure in possesso dello "status" di banca, hanno caratteristiche strutturali diverse e, soprattutto, assolvono alle funzioni più disparate. Questa despecializzazione ha abolito la distinzione tra banche commerciali, finalizzate alla raccolta del risparmio a breve termine, e istituti di credito speciale, finalizzati alla raccolta del risparmio a medio e lungo termine, e ha, altresì, consentito la facoltà di esercitare tutta una serie di diverse operazioni finanziarie, favorendo così la nascita di banche specializzate nell'esercizio delle funzioni più disparate.

Le banche specializzate possono essere, pertanto, tanto quelle che sono specializzate, appunto, in un determinato settore economico quali, per esempio, gli istituti di credito fondiario, gli istituti di credito agrario o gli istituti di credito mobiliare, quanto quelle che sono operative solo in determinate aree territoriali o che esercitano le loro funzioni solo per il tramite di un sistema on-line.

- **Gli Intermediari Finanziari**

Il Testo Unico Bancario definisce intermediari finanziari quei soggetti che si dedicano all'esercizio nei confronti del pubblico delle attività di assunzione di partecipazioni, di concessione di finanziamenti sotto qualsiasi forma, di prestazioni di servizi di pagamento e di intermediazione in cambi. Necessario e preliminare è chiarire che per "attività di prestazione di servizi di pagamento" si intende quell'attività di incasso e trasferimento di fondi, trasmissione o esecuzione di ordini di pagamento con qualunque modalità, compensazione di debiti o crediti, emissione o gestione di carte di credito, di debito o di altri mezzi di pagamento. Va da sé che questi soggetti hanno un ruolo predominante nel sistema economico finanziario, posto che fungono da intermediari tra la domanda e l'offerta dei prodotti finanziari, traslando le risorse dei risparmiatori verso i più idonei strumenti di investimento. E' circostanza altrettanto rilevante quella per cui l'attività di intermediazione, e più precisamente quella di raccolta di risparmio tra il pubblico sotto ogni forma e l'esercizio del credito, è da sempre esercitata dalle banche la cui vocazione monopolistica, tuttavia, è stata da tempo messa in discussione. Assistiamo, infatti, all'insorgenza di soggetti i quali, non rientranti in tipologie tipizzate di intermediatori, concedono anch'essi credito o svolgono attività disparate elevandosi a soggetti attivi nel mercato finanziario. In ogni caso è pacifico che la legge riserva l'esercizio di determinate attività nei confronti del pubblico a soggetti denominati "intermediari finanziari" i quali, nel significato letterale del termine, sono coloro i quali svolgono operazioni dal contenuto economico che si sostanziano nella trasformazione dei fondi raccolti dai risparmiatori in veicoli di credito da riservare sul mercato. Il Testo Unico Bancario stabilisce che gli intermediari finanziari devono esercitare quell'attività dallo stesso individuata come esclusiva e, cioè, l'attività finanziaria. Gli intermediari finanziari, inoltre, devono essere iscritti nell'apposito elenco istituito dal Testo Unico Bancario purché in possesso dei requisiti di onorabilità e professionalità da quest'ultimo previsti nonché delle forme prescritte: società per azioni, società in accomandita per azioni, società a responsabilità limitata o società cooperativa.

L'atteggiamento di salvaguardia del legislatore nei confronti di quei soggetti ai quali è destinata l'attività di intermediazione finanziaria è altresì confermato dal Testo Unico Finanziario, il quale stabilisce che nella prestazione dei servizi di investimento e accessori i soggetti abilitati devono comportarsi:

1. Con diligenza, correttezza e trasparenza, nell'interesse dei clienti e per l'integrità dei mercati.
2. Acquisire le informazioni necessarie dai clienti e operare in modo che essi siano sempre adeguatamente informati.
3. Organizzarsi in modo tale da ridurre al minimo il rischio di conflitti di interesse e, in situazioni di conflitto, agire in modo da assicurare comunque ai clienti trasparenza ed equo trattamento.
4. Disporre di risorse e procedure, anche di controllo interno, idonee e assicurare l'efficiente svolgimento dei servizi.
5. Svolgere una gestione indipendente, sana e prudente e adottare misure idonee a salvaguardare i diritti dei clienti sui beni affidati.

- **I Mediatori Creditizi**

Anche il mediatore è una figura prevista e disciplinata dal legislatore il quale lo descrive come il professionista che mette in relazione due o più parti al fine di provocare la conclusione di un affare senza, tuttavia, essere legato ad alcuna di esse da un rapporto di collaborazione, dipendenza o rappresentanza. Il mediatore creditizio è un mediatore che si inserisce in un contesto più ampio e differisce del generico mediatore in ragione del suo particolare ambito di operatività. Le funzioni del mediatore creditizio sono disciplinate dal DPR n. 287 del 28 luglio 2000, nel quale questo è definito come il soggetto che professionalmente, anche se non a titolo esclusivo ovvero abitualmente, mette in relazione, anche attraverso attività di consulenza, banche o intermediari finanziari con la potenziale clientela al fine della concessione di finanziamenti sotto qualsiasi forma. Di fatto, l'attività di questi operatori si risolve principalmente, ma non esclusivamente, nella ricerca di istituti di credito che, in base alla loro particolare politica commerciale, meglio si adattano alla realizzazione delle esigenze e necessità di un consumatore il quale intende richiedere il prestito di una somma di denaro. Va da sé che il mediatore creditizio, quale veicolo per la conclusione di un affare e soggetto al quale la legge riconosce un compenso (provvigione) qualora l'affare venga concluso per suo merito, non è responsabile degli inadempimenti della banca o di altri intermediari finanziari o della eventuale mancata concessione e/o erogazione, da parte di questi ultimi dei finanziamenti richiesti dalla clientela e, allo stesso modo, non è responsabile nell'ipotesi di inadempimento di quest'ultima. Al mediatore creditizio è vietato concludere contratti di finanziamento nonché erogare finanziamenti per conto di banche o altri intermediari finanziari, inclusi eventuali anticipi di questi, e ogni forma di pagamento o di incasso di denaro contante, di altri mezzi di pagamento o titoli di credito, ad eccezione della mera consegna di assegni non trasferibili integralmente compilati dalle banche o dagli intermediari finanziari o dai clienti. A garanzia della professionalità degli stessi, soprattutto in ragione del particolare settore nel quale operano, è stato istituito un apposito Albo dei mediatori creditizi gestito dalla Banca d'Italia. La disciplina legislativa per i mediatori creditizi costituisce una normativa di complemento rispetto a quella prevista per gli operatori istituzionali del credito (banche, intermediari finanziari, promotori finanziari, imprese di assicurazione) ai quali, peraltro, i meditatori sono equiparati con riferimento all'obbligo di rispettare, per esempio, i requisiti di onorabilità e professionalità nonché trasparenza nell'esercizio della professione. Si capisce che le funzioni svolte dal mediatore creditizio costituiscono un grande vantaggio per chi deve operare nel settore economico-finanziario in quanto questo individua le soluzioni più consone alle esigenze del cliente senza che quest'ultimo debba rivolgersi da un istituto all'altro con inevitabili perdite di tempo. Non solo, ma ricorrere all'ausilio di un mediatore creditizio garantisce la possibilità di usufruire dei consigli e della consulenza di persone esperte nell'ambito creditizio nonché delle migliori condizioni che derivano dalle convenzioni che il medesimo stipula con le banche.

### • Gli Agenti in attività finanziaria

L'agente finanziario è quel soggetto il quale, dietro incarico di un proponente, promuove in una determinata zona territoriale la stipula di contratti con soggetti terzi relativamente ai "prodotti" del proponente così da ricevere in cambio una retribuzione (provvigione) sugli affari conclusi. Gli agenti in attività finanziaria si diversificano dalla categoria generale di agente soprattutto in ragione della particolare attività da questi svolta. Il D.M. 485 del 2001ha definito gli agenti in attività finanziaria come coloro i quali esercitano nei confronti del pubblico attività finanziaria. Si tratta, pertanto, di professionisti i quali vengono stabilmente incaricati da uno o più intermediari finanziari di promuovere e concludere contratti riconducibili all'esercizio delle attività finanziarie previste dall'articolo 106, comma 1, del Testo Unico Bancario, senza disporre di autonomia nella fissazione dei prezzi e delle altre condizioni contrattuali. Per chi volesse divenire agente in attività finanziaria, è bene saper che per poter esercitare detta professione è necessario iscriversi nell'elenco speciale per questi istituito ed è altresì necessario essere in possesso dei seguenti requisiti:
- Cittadinanza italiana o di uno Stato dell'Unione Europea.
- Diploma di scuola media superiore o titolo equipollente a tutti gli effetti di legge.
- Possesso dei requisiti di onorabilità (come previsti dal regolamento emanato ai sensi dell'art. 109 del Testo Unico Bancario).

Per i soggetti diversi dalle persone fisiche i requisiti cambiano e sono:

- Previsione nell'oggetto sociale dello svolgimento dell'attività di agenzia in attività finanziaria.
- Possesso in capo ai partecipanti al capitale sociale che svolgono funzioni di amministrazione, direzione e controllo dei requisiti di onorabilità (come previsti dai regolamenti emanati ai sensi degli artt. 108 e 109 del Testo Unico Bancario).
- Sede legale e sede amministrativa site nel territorio della Repubblica.
- Rispetto dei requisiti patrimoniali e di forma giuridica stabiliti dal Ministero del tesoro, del bilancio e della programmazione economica con regolamento approvato su proposta dell'UIC.

## Il tasso d'interesse del mutuo

Il tasso d'interesse è l'elemento basilare per il computo della rata del mutuo, è la percentuale di calcolo che definisce l'ammontare degli interessi da pagare alla banca per il prestito ottenuto. Come noto la rata di rimborso di un mutuo è formata da:

- Quota di ammortamento (rimborso) del capitale mutuato.
- Quota di interessi sul mutuo.
- Spese di incasso o assicurative.

Il contratto di mutuo predefinisce il metodo di calcolo della rata di rimborso e il tasso d'interesse è nella rata l'elemento fondamentale che ne determina il valore e, nei mutui a tasso variabile, la sua eventuale variazione. Infatti, le altre componenti del calcolo matematico della rata sono in genere fisse, prestabilite nel contratto, mentre il tasso è l'elemento variabile che ne determinerà il cambiamento a seconda dell'andamento del mercato finanziario. Il tasso di interesse da applicare al mutuo viene determinato in base alla scelta del tipo di tasso, scelta che individua il tasso di riferimento al quale dovrà essere aggiunto lo spread stabilito dalla banca.

Quindi il tasso d'interesse o meglio il tipo di tasso d'interesse applicato al mutuo è l'elemento di scelta principe nella decisione di aprire un mutuo, l'elemento che potrà determinare, nell'arco del periodo di rimborso, una più o meno onerosa rata da pagare.

- Quando il tasso è fisso la rata viene determinata il giorno della sottoscrizione del contratto di mutuo, e rimarrà invariata fino al termine del rimborso.
- Quando invece la scelta cade sul tasso variabile il contratto di mutuo conterrà le indicazioni per il calcolo della rata ed essa potrà variare periodicamente aumentando o diminuendo nel corso della durata del mutuo.

In genere la rata del mutuo a tasso fisso appare più onerosa rispetto al tasso variabile, ma la rata variabile è soggetta alla volatilità del mercato e, come si è verificato nel recente passato, può a volte subire incrementi notevoli.

Dunque, il tasso fisso è adatto a coloro che preferiscono non rischiare e sapere sin da subito quale sarà l'importo delle rate da pagare alla banca; quello variabile, invece, viene scelto da chi ha possibilità economiche abbastanza solide tali da fronteggiare un possibile incremento.

**Il tasso d'ingresso**

Il tasso d'ingresso è un tasso di mutuo particolarmente favorevole (utilizzato, infatti, dalle banche nelle varie pubblicità) con lo scopo di attrarre più clienti.
Si tratta di un tasso d'interesse transitorio applicato per un breve periodo iniziale (3-6 mesi) ed è destinato a variare in aumento quando verrà applicato il tasso nominale, detto "tasso a regime", che è più elevato, fisso o variabile che sia il mutuo.
In alcuni casi il consumatore potrebbe credere che il tasso d'interesse reclamizzato sia il reale tasso di ammortamento del mutuo, il cosiddetto tasso a regime, mentre in realtà si tratta del tasso iniziale d'ingreso. Ciò avviene in particolare per i mutui a tasso variabile, che in fase di stipula predeterminano una rata d'ingresso o di preammortamento, per poi passare alla rata definitiva in un secondo momento. Quando si trovano in pubblicità tassi improbabili, perfino all'1%, si tratta sempre di tassi iniziali.
Il rischio di un errore di valutazione si presenta anche per chi desidera il tasso fisso, dato che vi sono alcune tipologie di mutui definiti "Mutui con opzione", che potrebbero essere intesi da una persona inesperta come mutui a tasso fisso, mentre in realtà tali non sono, poiché stabiliscono una rata iniziale d'ingresso a tasso fisso per un periodo predeterminato (in genere da 1 a 3 anni) e in seguito proseguono per un egual periodo con un tasso sì fisso, ma rideterminato alle condizioni di mercato del momento, pur con l'opzione alternativa di passare al tasso variabile.
Un valido sistema per non incorrere in errori è quello di richiedere la scheda informativa sintetica che deve essere fornita dalla banca e di verificare in essa qual è il TAN e il TAEG del mutuo. Per effettuare una corretta valutazione circa la convenienza di un mutuo è importante quindi verificare se il tasso di interesse pubblicizzato dalla banca è quello di ingresso o quello a regime.

**Il tasso a regime**

Il tasso a regime, lo dice la parola stessa, è il tasso reale, il vero tasso che sarà applicato dalla banca nel corso del mutuo.
Questo entra in vigore allo scadere del periodo di validità del "Tasso d'ingresso".

- Nei mutui a tasso fisso il tasso a regime è predeterminato contestualmente alla stipula del mutuo, nella misura del tasso di riferimento Eurirs opportunamente aumentato dello spread e la rata che ne consegue è definitiva e non soggetta a variazioni.

- Nei mutui a tasso variabile invece il tasso a regime non è fisso ma viene calcolato di volta in volta in base ai parametri previsti nel contratto di mutuo. Nel contratto è, infatti, stabilito con precisione a quali parametri tale tasso andrà indicizzato quando giungerà a regime. Il tasso a regime per i mutui a tassi variabili è dato dal parametro di indicizzazione, attualmente l'Euribor (o il tasso BCE), aumentato dello spread definito dalla banca.

L'Euribor è il tasso di riferimento che indica l'interesse medio delle transazioni finanziarie in Euro tra le principali banche europee. Rappresenta la componente variabile per cui il tasso deve essere rilevato a ogni revisione. Lo spread è invece la percentuale aggiunta al ricavo, decisa da ogni specifica banca, e di conseguenza esso resterà stabile per tutta la durata del mutuo.

## Il tasso annuo nominale o TAN

Il tasso annuo nominale (TAN) è il tasso più semplice a cui si possa fare riferimento. Rappresenta l'interesse annuo applicato a un prestito, da riconoscere al finanziatore al termine dell'anno. Questo tasso rappresenta il tasso applicato per il calcolo della rata riferito all'anno, ma dato che non tiene conto del tipo di rateizzazione è un puro tasso nominale. Il TAN non tiene nemmeno conto dei costi accessori per un mutuo o finanziamento, che pure incidono nel calcolo del costo reale.
In questo si differenzia dal TAEG, Tasso Annuo Effettivo Globale, che invece rappresenta l'onere globale a carico del debitore e che solitamente è superiore al semplice TAN. Non a caso, nelle varie offerte promozionali di finanziamento, il TAN risulta chiaramente individuabile, mentre al TAEG spesso viene dedicata scarsa visibilità, nonostante sia obbligatorio indicarlo.

- Il TAN o tasso annuo nominale è il tasso normalmente indicato negli annunci promozionali dei finanziamenti, ed è sempre inferiore al tasso reale di un mutuo, si consiglia perciò di prestare la massima attenzione a quale tipo di tasso viene pubblicizzato.

La ripartizione delle quote interesse e capitale con ammortamento alla francese fa sì che il tasso effettivo di interesse non coincida con il tasso di interesse nominale, e anzi risulti in realtà superiore: ad esempio, un prestito al tasso annuo nominale del 20% garantirebbe un tasso effettivo del 20% solo se il saldo degli interessi avvenisse con un solo pagamento a fine anno. In caso di rimborso rateale degli interessi, il tasso effettivo supera il TAN: ad esempio, in caso di rateizzazione mensile del prestito di cui sopra il tasso d'interesse effettivo sarebbe del 22% e non del 20%.
Se prendiamo in prestito 100 euro a un TAN del 8% verseremo alla scadenza 100 euro (a titolo di rimborso del capitale) più 8 euro (a titolo di interesse). Nel caso, poco frequente, di restituzione alla scadenza, in un'unica soluzione, di 108 euro, il

tasso effettivo dell'operazione sarà pari all'8%. Nel caso, più frequente, di rimborso rateizzato il tasso effettivo sarà più elevato. Evidentemente per il creditore è vantaggioso ricevere 9 rate da 12 euro piuttosto che 108 euro alla scadenza, poiché riceve la stessa quantità di denaro in maniera anticipata. Più sono elevati il TAN e la frequenza delle rate, maggiore sarà il tasso reale di finanziamento.

Insieme alle spese di istruttoria, il TAN è il parametro fondamentale per il calcolo del TAEG.

## Il tasso annuo effettivo globale TAEG

Il TAEG è un indice, espresso in termini percentuali, del costo complessivo del finanziamento, calcolato su base annua in relazione alla durata del finanziamento e alla periodicità delle rate. Comprende gli oneri accessori quali spese di istruttoria, spese di apertura pratica, spese di incasso delle rate e spese assicurative obbligatorie. Inoltre, per effetto delle nuove disposizioni di Banca d'Italia sulla trasparenza in adempimento della direttiva europea EU 2008/48/CE, dal 1 giugno 2011 il calcolo del Taeg comprende anche l'eventuale compenso riconosciuto dal cliente a un intermediario del credito per l'ottenimento del finanziamento, i costi delle polizze assicurative (assicurazione incendio) che costituiscono requisito necessario per ottenere il credito o ottenerlo a specifiche condizioni, gli oneri fiscali (come ad esempio l'imposta di bollo sui contratti). Non sono compresi gli eventuali oneri notarili, per finanziamenti garantiti da ipoteca quali i mutui casa.

Il Taeg deve essere inserito nel contratto e nel documento informativo precontrattuale che devono essere consegnati al cliente. Il TAEG (Tasso Annuo Effettivo Globale) si pone quindi l'obiettivo di rappresentare nel modo più completo ed esatto possibile il costo di un finanziamento. Si tratta di un tasso puramente virtuale. Non viene, infatti, utilizzato per calcolare le rate, piuttosto è un indicatore, una cifra in grado di dichiarare il costo globale del prestito.

- Il grande vantaggio del TAEG è il suo utilizzo ai fini comparativi; confrontando il TAEG di due mutui si acquisisce immediatamente l'idea di quale costi di più e di quanto. La formula di calcolo del TAEG è la stessa utilizzata per il calcolo dell'ISC, Indice Sintetico del Costo, indicatore quest'ultimo che ha sostituito il TAEG nel caso di mutui, prestiti personali, prestiti finalizzati e anticipazioni bancarie.

Vediamo allora come differisce dal Tasso Annuo Nominale, con cui abbiamo tutti più confidenza. Nelle considerazioni sui tassi è consuetudine misurare la spesa annua in interessi.

Un costo di 50 Euro su un finanziamento di 1.000 Euro rimborsato dopo un anno vuol dire pagare il 5%. Ciò corrisponde al Tasso Annuo Nominale (T.A.N.) del prestito. Nella sua semplicità questa considerazione non tiene conto di due elementi complementari e non trascurabili:

- Il tipo di rimborso. Il metodo di ammortamento usato abitualmente per mutui e prestiti (francese a rata costante) prevede che il pagamento dell'interesse non avvenga una volta sola a fine anno, ma risulti caricato su ogni rata. Con pagamenti frazionati nell'anno, il più delle volte mensili, ciò rappresenta un piccolo vantaggio per il finanziatore, che comincia a incassare gli interessi in anticipo. Il fenomeno lascia insensibile il Tasso Nominale mentre viene recepito dal Tasso Effettivo. La differenza tra Tasso Nominale ed Effettivo si incrementa con l'aumentare del tasso e con il crescere del numero di rate annue. Ad esempio, considerando un prestito al Tasso Nominale del 5% annuo, se il pagamento avviene ogni sei mesi (2 rate all'anno) il Tasso Effettivo sarà pari al 5,06%. Con il pagamento mensile (12 rate annue) ammonterà al 5,12%.

- Le spese dell'operazione. Obiettivo dichiarato del TAEG è quello di ricomprendere gli effetti di tutte le spese obbligatorie ai fini di apertura e pagamento del finanziamento. Per conseguirlo si ipotizza che i costi iniziali riducano il capitale prestato e che le spese periodiche aumentino la rata. Il calcolo del TAEG viene effettuato dopo avere apportato tali correttivi ai numeri dell'operazione. Ad esempio, un mutuo decennale di 100.000 Euro al 5% (1.061 Euro mensili) privo di spese di apertura o di gestione avrebbe un TAEG coincidente con il suo Tasso Effettivo, cioè 5,12%. Qualora invece la banca richiedesse 800 Euro di spese iniziali ciò corrisponderà in pratica a ricevere un finanziamento ridotto a 99.200 Euro (100.000 - 800). Se poi tutti i mesi dovrò pagare 3 Euro per la polizza incendio e 2 Euro di spese di incasso, sarà come sopportare una rata maggiorata di 5 Euro. Il fedele TAEG farà perciò i suoi conti considerando il capitale ristretto a 99.200 Euro e una rata mensile maggiorata a 1.066 Euro (1.061 + 5 di spese). Risultato: TAEG = 5,41%, ovvero il tasso effettivo di un mutuo decennale di 99.200 Euro rimborsato con una rata mensile di 1.066 Euro. In pratica sarà come avere azzerato tutti i costi del finanziamento avendoli tramutati in interessi.

## L'Indice Sintetico di Costo ISC

L'Indice Sintetico di Costo del mutuo è il più chiaro indicatore del suo reale costo. Conoscere l'ISC, Indice Sintetico di Costo, in precedenza denominato TAEG, è il sistema migliore per valutare la convenienza di una proposta di mutuo.

Abbiamo visto che il Tasso Annuo Nominale (TAN) non rappresenta il reale costo del finanziamento, in quanto non tiene conto della rateizzazione del rimborso e dei costi relativi al mutuo. La Legge ha previsto che, a tutela del consumatore, sia utilizzato un metodo specifico per definire con chiarezza e in maniera omogenea e quindi confrontabile con altre offerte il tasso di interesse reale di un finanziamento, prevedendo l'obbligo per chi propone il prestito di informare su quale sia il costo effettivo. L'ISC ha quindi lo scopo di fornire con un dato concreto il reale tasso di interesse applicato dalla banca, che includa oltre agli interessi e alla rateizzazione, anche le spese relative al mutuo quali:

- Spese di istruttoria.
- Spese di riscossione e incasso rate.
- Spese di assicurazione obbligatoria o di garanzia.
- Eventuale costo dell'attività di mediazione di terzi.
- Ogni altra spesa connessa al finanziamento.

Applicando la specifica formula matematica di calcolo dell'ISC è perciò possibile conoscere chiaramente i costi del mutuo ed è altresì possibile confrontare tra di loro le diverse proposte di mutuo, per poter valutare senza errori quale sia la più conveniente e infine operare una scelta consapevole.

## Esempio

Una banca propone un mutuo di 120.000 Euro durata 25 anni al tasso del 5,50% con rata mensile di 736,90.

- Spese di istruttoria Euro 250,00

- Spese di perizia Euro 250,00
- Netto Erogato 119.500 (mutuo - spese iniziali)
- Assicurazione incendio e scoppio Euro 2,28 mensili
- Rata reale 739,18 (rata + assicurazione)

Il nostro ISC (ex Taeg) calcolato su un capitale di Euro 119.500 con pagamento di una rata mensile di Euro 739,18 è del 5,716%.

Come è possibile notare l'ISC del nostro mutuo è nettamente superiore al tasso o TAN pubblicizzato dalla banca.

Introdotto dalla direttiva europea 90/88/CEE, l'Indice Sintetico di Costo viene espresso in percentuale e comprende al suo interno le seguenti spese:

- Il rimborso del capitale.
- Il pagamento degli interessi.
- Le spese di istruttoria.
- Le spese di perizia.
- Le spese di incasso rata.
- Le spese di assicurazione imposte dal creditore.
- Ogni altra spesa connessa all'operazione di finanziamento.

## L'Euribor

L'Euribor (acronimo di **EUR**o **I**nter **B**ank **O**ffered **R**ate, tasso interbancario offerto in euro) è un tasso di riferimento, calcolato giornalmente, che indica il tasso di interesse medio delle transazioni finanziarie in Euro tra le principali banche europee. L'Euribor viene utilizzato come tasso medio applicato da primari istituti di credito per operazioni a termine effettuate sul mercato interbancario (con controparte altri primari istituti di credito) con scadenza una, due e tre settimane, e da uno a dodici mesi. L'Euribor varia solamente in funzione della durata del prestito e non dipende dall'ammontare del capitale.

- La nascita dell'Euribor è avvenuta, contestualmente a quella dell'Euro, il 1° gennaio 1999; più precisamente il primo tasso Euribor è stato definito il 30 dicembre 1998, con validità dal 4 gennaio 1999. Attualmente viene determinato ("fissato") giornalmente dalla European Banking Federation (EBF) come media dei tassi di deposito interbancario tra un insieme di oltre 50 banche.

I tassi applicati a tali operazioni dalle banche con il maggiore volume d'affari dell'area Euro (per l'Italia contribuiscono Intesa Sanpaolo, Unicredit e Monte dei Paschi di Siena) e da alcuni istituti di credito estranei all'area, vengono comunicati giornalmente, entro le ore 11.00, all'agenzia Reuters che provvede, per ogni singola scadenza, a calcolarne la media (arrotondata al terzo decimale) escludendo dal computo il 15% dei valori rispettivamente più alti e più bassi. Tale esclusione permette di evitare che valori anomali falsino il valore dell'Euribor stesso. Reuters provvede poi a pubblicare giornalmente il valore dell'Euribor. La comunicazione dei dati è su base volontaria per le varie banche; l'Euribor è calcolabile se partecipano almeno 12 istituti di credito.

- Le variazioni dell'Euribor rappresentano, perciò, il reale andamento del costo del denaro, essendo un parametro costantemente aggiornato e determinato in base a valori oggettivi di scambio e non dettato a priori dalla Banca Centrale Europea.

Come per tutti gli interessi in relazione alla loro durata, l'Euribor è crescente con la durata del prestito: un Euribor a 1 anno (indicato come EUR 12M) è maggiore di un Euribor a 6 mesi (EUR 6M), e questo è maggiore di un Euribor a 3 mesi (EUR 3M).

- Da notare che il tasso è calcolato su una base di 360 giorni all'anno, per cui ad esempio spesso ci si riferisce a un tasso EUR 1M con l'indicazione "Euribor 1m/360". Il calcolo su base 365 giorni può essere effettuato con una semplice proporzione.

Sono rari i casi in cui gli interessi nel breve termine sono più alti di quelli a medio-lungo: il fenomeno è interpretato come un pessimismo degli investitori che si attendono un calo nel lungo termine della redditività e della creazione di valore economico.

L'Euribor è tipicamente il riferimento dei mutui ipotecari a tasso variabile: ad esempio, un mutuo prima casa può essere offerto con cedola semestrale al tasso "euribor a sei mesi con spread dell'1,5%". L'affidabilità dell'Euribor ha indotto praticamente la totalità delle banche ad ancorare a esso l'oscillazione dei mutui a tasso variabile che propongono. I tassi Euribor sono una quarantina. Vengono distinti secondo la durata (c'è per esempio quello a 1 settimana, a 1 mese a 6 mesi) e il divisore (360 o 365).

La differenziazione per periodo è collegata alla durata del deposito. Il denaro viene, infatti, prestato a scadenza.

Il tasso applicato ai contratti che prevedono la sua restituzione dopo una settimana viene registrato dall'Euribor 1 settimana. I prestiti di durata trimestrale dall'Euribor 3 mesi, e così via.

I tassi applicati cambiano in funzione delle attese sui mercati. Con previsioni di aumento gli Euribor riferiti alle durate più lunghe saranno più alti di quelli di durata minore. E viceversa con previsioni al ribasso. Poi ci sono le medie degli Euribor, calcolate sull'andamento giornaliero dell'indice durante il mese solare precedente. Dal punto di vista di chi fa il mutuo è abbastanza indifferente il riferimento a un tipo di Euribor o a un altro.

Nell'arco di molti anni i periodi al rialzo equivarranno statisticamente a quelli al ribasso, azzerando la media delle differenze. Tuttavia per individuare il parametro riferito al proprio mutuo servirà conoscere la definizione esatta dell'indice adoperato, cioè sapere se è un "Euribor 3 mesi" oppure una "Media Euribor 6 mesi" o altro. Solo così sarà possibile verificare il tasso applicato al mutuo in uno specifico momento. Infine la distinzione del divisore 360 o 365 è puramente matematica e riguarda la considerazione dell'anno commerciale di 360 giorni (12 mesi da 30 giorni) o quello solare di 365 giorni. Il tasso 360 è più basso di circa 5 centesimi.

La banca sceglie se adoperare l'uno o l'altro in funzione dei meccanismi di calcolo impostati sui propri sistemi.

- Il vasto utilizzo dell'Euribor ha reso facilmente reperibile il suo valore. La sezione economica dei quotidiani indica di solito l'incidenza dei principali Euribor. Per una consultazione di tutti i 38 tipi di Euribor bisognerà invece riferirsi alla stampa specializzata. Il Sole 24 Ore li riporta ogni giorno (eccetto dopo il sabato o i festivi) all'interno dell'inserto Finanza e Mercati.

L'Euribor è un indicatore del costo del denaro assai sensibile alle attese sui mercati. Quasi sistematicamente anticipa i tempi registrando le variazioni anche settimane prima che la Banca Centrale Europea comunichi un ritocco del costo del denaro.

Appena i mercati tendono al rialzo o al ribasso, immediatamente l'Euribor vi si adegua. Ad esempio, se si prevede un aumento dei tassi tra tre mesi, gli Euribor a una settimana o a un mese resteranno piuttosto indifferenti, mentre quelli a tre o sei mesi punteranno subito verso l'alto. I fattori che determinano le fluttuazioni dei tassi sono molteplici; ad esempio la volontà di promuovere lo sviluppo tende a far contenere i tassi, favorendo l'indebitamento e quindi gli investimenti delle imprese. Un'economia che cresce troppo rapidamente può invece essere contrastata con l'aumento dei tassi di interesse, scoraggiando il ricorso al sistema finanziario. Una valuta che tende a indebolirsi può essere rafforzata dall'afflusso di capitali attratti da tassi più alti, e viceversa. Ma le leggi dei mercati sfuggono alle volontà delle banche centrali, che spesso non possono che adeguarsi a situazioni di fatto, provocate da squilibri internazionali o talvolta da ondate speculative vere e proprie. Intanto l'Euribor resta lì alla finestra, sempre pronto a recepire qualunque segnale e ad adeguarvisi. Le oscillazioni dell'Euribor influenzano direttamente la rata del mutuo a tasso variabile, tuttavia l'effetto verrà recepito solo dal momento dell'aggiornamento e graverà unicamente sul debito residuo. Per "momento di aggiornamento" si intendono le cosiddette "epoche di revisione", cioè i giorni in cui periodicamente il mutuo fotograferà la situazione dell'Euribor e vi si adeguerà, restando poi invariato fino al successivo aggiornamento. L'oscillazione Euribor riguarderà tuttavia solo il debito residuo, perché su quello si calcola la quota interessi che costituisce parte della rata.

**Esempio**

Consideriamo un mutuo decennale di 100.000 Euro, al tasso del 4%, che corrisponde a una rata mensile di 1.012 Euro.
Supponiamo che dopo un anno, quando il capitale residuo sarà sceso a 91.700 Euro, sopravvenga un aumento dello 0,50%. L'incremento avrà effetto sul debito residuo e comporterà un aumento della rata di 22 Euro.
Lasciamo che passino altri 8 anni senza variazioni. Il debito residuo a quel punto si sarà assottigliato fino a 12.100 Euro.
Incidendo su una quota di capitale modesta, un altro incremento dello 0,50%, pur se identico al precedente, comporterà un aumento di rata di soli 4 Euro.

- Con criterio assolutamente empirico si consideri che per ogni punto percentuale di variazione la rata mensile cambia dello 0,05% del capitale residuo (5 Euro ogni 10.000), quasi indipendentemente dalla durata del mutuo. Quindi, un mutuo il cui capitale residuo è di 100.000 Euro vede cambiare la rata di circa 50 Euro mensili se la variazione è dell'1% o di 25 Euro nel caso dello 0,50%.

Abbiamo visto che l'Euribor viene pubblicato tutti i giorni alle ore 11.00 dall'Euribor Panel Steering Committee, cioè un comitato di esperti, in base ai dati ricevuti dalle grandi banche, soprattutto europee. Indichiamo di seguito l'elenco degli istituti, pressoché i più importanti, dove compaiono anche cinque rappresentanti italiane.

- **Austria:**
  Erste Bank der Österreichischen Sparkassen
  RZB - Raiffeisen Zentralbank Österreich AG
- **Belgio:**
  Dexia Bank
  Fortis Bank
  KBC 42
- **Finlandia:**
  Nordea
- **Francia:**
  BNP - Paribas
  Crédit Agricole s.a.
  Crédit Industriel et Commercial CIC
  HSBC CCF
  IXIS CIB
  Natexis Banques Populaires
  Société Générale
- **Germania:**
  Bankgesellschaft Berlin
  Bayerische Hypo- und Vereinsbank
  Bayerische Landesbank Girozentrale
  Commerzbank
  Deutsche Bank
  Dresdner Bank
  DZ Bank Deutsche Genossenschaftsbank
  Landesbank Baden-Württemberg Girozentrale
  Landesbank Hessen - Thüringen Girozentrale
  Norddeutsche Landesbank Girozentrale
  WestLB AG

- **Grecia:**
  National Bank of Greece
- **Irlanda:**
  AIB Group
  Bank of Ireland
- **Italia:**
  Banca Intesa
  Banca Nazionale del Lavoro
  Monte dei Paschi di Siena
  Sanpaolo
  UniCredit Banca
- **Lussemburgo :**
  Banque et Caisse d'Épargne de l'État
- **Olanda:**
  ABN Amro Bank
  ING Bank 43
  Rabobank
- **Portogallo:**
  Caixa Geral De Depósitos (CGD)
- **Spagna:**
  Banco Bilbao Vizcaya Argentaria
  Banco Santander Central Hispano
  Confederacion Española de Cajas de Ahorros
- **Altre banche europee:**
  Barclays Capital
  Den Danske Bank
  Svenska Handelsbanken
- **Banche internazionali:**
  Bank of Tokyo - Mitsubishi
  Citibank
  J.P. Morgan Chase & Co.
  UBS (Luxembourg) S.A.

La caratteristica naturale di un mutuo a tasso variabile è la fluttuazione nel tempo del tasso di interesse. Le epoche di revisione rappresentano le date di calendario in cui il tasso verrà periodicamente aggiornato. La variazione, infatti, non subentra necessariamente a ogni rata, anche se il parametro di riferimento, di solito l'Euribor, è cambiato. Anzi, fino al momento della revisione non si considera per nulla quello che avviene sui mercati.

Ciò che conta sarà la quotazione assunta dal parametro il giorno stabilito per la rilevazione. La modifica avviene almeno due volte l'anno. E a tale scelta la banca è pressoché costretta quando il pagamento è semestrale. Con rimborsi trimestrali l'aggiornamento potrà essere trimestrale o semestrale. Nel caso delle rate mensili potrà avvenire ogni mese, ogni trimestre o ogni semestre. La scelta della banca in questo senso, condizionata soprattutto da esigenze interne di Tesoreria, non ha effetti significativi sul cliente. Infatti, se da una parte è vero che gli aggiornamenti semestrali ritardano i rialzi dei tassi, dall'altra rinviano l'adeguamento in caso di ribasso.

- Da un punto di vista pratico sarà tuttavia utile conoscere le epoche di revisione del proprio mutuo. In tal modo si saprà con esattezza quando gli effetti di una crescita o di una riduzione dei tassi verranno scaricati sulla rata con la possibilità di calcolarla in anticipo rispetto alla comunicazione bancaria, osservando la quotazione dell'Euribor il giorno programmato per la rilevazione.

Le epoche di revisione sono sempre chiaramente indicate nel contratto di mutuo come anche nel Foglio Informativo. Chi contrae un mutuo a tasso variabile si troverà periodicamente di fronte alla modifica della rata di rimborso. Il metodo di calcolo del nuovo importo è piuttosto semplice e per effettuarlo basterà conoscere quattro elementi:

- La quotazione assunta dall'indice di riferimento, l'Euribor, al momento previsto per la rilevazione del nuovo tasso.
- L'entità dello spread, scritto chiaramente nel contratto di mutuo.
- Il debito residuo al momento della variazione, che si rileva facilmente sul più recente piano di ammortamento ricevuto dalla banca.
- La durata residua del finanziamento.

Prima di tutto bisognerà ricavare il tasso aggiornato sommando il valore del parametro allo spread. Un mutuo potrebbe essere regolato con un tasso pari alla "Media Euribor 3 mesi del mese precedente" + spread dell'1,50%. Bisognerà perciò rilevare il valore del suddetto indice sul giornale o su Internet.
Poniamo che il valore aggiornato di tale media quoti il 2,85%.
Il nuovo tasso sarà:

2,85% (valore dell'indice) + 1,50% (spread) =

4,35% (tasso aggiornato)

A quel punto la rata risulterà facilmente determinabile usando una calcolatrice mutui disponibile su Internet.

**Esempio**

Consideriamo un debito residuo di 85.570 Euro, una durata residua di 12 anni e 3 mesi e un tasso aggiornato al 4,35%, a seguito di un aumento dello 0,25% (vecchia rata di 741 Euro).
Utilizzando una calcolatrice del Piano di Ammortamento contenuta in un sito Internet si inseriranno i valori di tasso e capitale nelle rispettive caselle. Quanto agli "anni" bisognerà solo preoccuparsi trasformare il tempo in cifra decimale dividendo per 12 il numero di mesi residui. Poiché 12 anni e tre mesi sono in tutto 147 mesi il calcolo sarà 147 / 12 = 12,25 anni.
La macchina risponderà provvedendo la nuova rata (752 Euro, ovvero 11 Euro in più sulla precedente) e anche il piano di ammortamento aggiornato. Chi non vuole perdersi nei meandri della matematica può utilizzare la seguente tabella che ha però carattere puramente indicativo e funziona bene solo con tassi vicini al 5%. Il coefficiente ricavato all'incrocio tra la durata residua e la differenza di tasso è riferito a un importo di 1.000 Euro.

| Durata | Differenza di tasso residua | | | |
|---|---|---|---|---|
| in anni | 0,25% | 0,50% | 0,75% | 1,00% |
| 2 | 0,11 € | 0,22 € | 0,34 € | 0,45 € |
| 4 | 0,11 € | 0,23 € | 0,34 € | 0,46 € |
| 6 | 0,12 € | 0,23 € | 0,35 € | 0,47 € |
| 8 | 0,12 € | 0,24 € | 0,36 € | 0,48 € |
| 10 | 0,12 € | 0,25 € | 0,37 € | 0,50 € |
| 12 | 0,13 € | 0,25 € | 0,38 € | 0,51 € |
| 14 | 0,13 € | 0,26 € | 0,39 € | 0,52 € |
| 16 | 0,13 € | 0,27 € | 0,40 € | 0,54 € |
| 18 | 0,14 € | 0,27 € | 0,41 € | 0,55 € |
| 20 | 0,14 € | 0,28 € | 0,42 € | 0,56 € |
| 22 | 0,14 € | 0,29 € | 0,43 € | 0,58 € |
| 24 | 0,15 € | 0,29 € | 0,44 € | 0,59 € |
| 26 | 0,15 € | 0,30 € | 0,45 € | 0,60 € |
| 28 | 0,15 € | 0,30 € | 0,46 € | 0,62 € |
| 30 | 0,15 € | 0,31 € | 0,47 € | 0,63 € |

Riprendendo l'esempio utilizzato sopra si potrà cercare di ricavare la differenza di rata usando la tabella. All'incrocio tra una durata residua di 12 anni e un aumento di tasso dello 0,25% il coefficiente è 0,13 Euro. Poiché è riferito a 1.000 Euro si tratterà di proporzionarlo al mutuo moltiplicandolo per il debito residuo e dividendolo per 1.000, ovvero:

0,13 Euro (coefficiente della tabella)<br>
x 85.570 (debito residuo) / 1.000 =<br>
= 11 Euro

che coincide con il valore ricavato analiticamente nell'esempio precedente.

## Il Libor

Il LIBOR o Libor indica il **London Interbank Offered Rate** (inglese, tasso interbancario 'lettera' su Londra), un tasso di riferimento per i mercati finanziari.

Si tratta di un tasso variabile, calcolato giornalmente dalla British Bankers' Association in base ai tassi d'interesse richiesti per cedere a prestito depositi in una data divisa (tra le altre, sterlina inglese, dollaro USA, franco svizzero ed euro) da parte delle principali banche operanti sul mercato interbancario londinese. Il Libor è il tasso di riferimento europeo al quale le banche si prestano denaro tra loro, spesso durante la notte (in batch notturno), dopo la chiusura dei mercati. Esso è minore del tasso di sconto che gli istituti di credito pagano per un prestito alla banca centrale. Il mercato interbancario è particolarmente importante per assicurare la solvibilità delle banche e dell'intero sistema creditizio, e per una banca è forse il modo più facile e meno costoso di reperire capitali.

A fronte di una domanda di prelievi maggiore del denaro liquido che un istituto ha a disposizione, la banca vende una certa quantità di titoli di Stato o altri titoli, ricevendo in questo mercato il denaro di cui ha bisogno. Un elemento importante è la fiducia fra i vari istituti di credito a prestarsi denaro, e il ruolo "garantista" della banca centrale nel risarcire i diritti delle banche creditrici nel caso di qualche istituto in difficoltà.

Il Libor è un indice del costo del denaro a breve termine che viene adoperato comunemente come base per il calcolo dei tassi d'interesse relativi a molte operazioni finanziarie (mutui, future) principalmente in valute diverse dall'Euro.

## L'Eurirs o IRS

Quando la banca vuole garantire al cliente un tasso fisso deve tutelarsi in modo da evitare di rimetterci cifre da capogiro se i tassi si alzano. Ciò è possibile ricorrendo a speciali accordi (detti swap) con soggetti disposti ad accollarsi il rischio, nell'ambito di un intento speculativo. Dal tasso a cui si concludono tali accordi nasce l'IRS (Interest Rate Swap).

L'entità dell'IRS cambia in funzione del periodo coinvolto. Ovviamente lo speculatore che accetta il rischio per un anno concluderà a tassi più bassi di chi lo prende in carico per venti o trenta. Così si osserverà l'esistenza dell'IRS a 1 anno (detto "IRS 1y" cioè 1 year), a 2 anni e così via fino a 30 anni, con valori crescenti all'aumentare della durata.

Per guadagnare sul mutuo la banca dovrà incassare dal finanziamento il tasso IRS da destinare al contratto di swap e aggiungervi una quota per sé, denominata spread.

Il tasso fisso del mutuo risulterà ,quindi, pari a:

IRS di durata del periodo a tasso fisso + Spread annuo

Un mutuo a tasso fisso per tutta la durata prenderà in considerazione l'IRS di durata pari a quella dell'intero mutuo.

Un mutuo ventennale a tasso fisso proposto con uno spread dell'1,50% costerà al cliente un tasso pari all'IRS 20 anni (rilevato il giorno di stipula) + 1,50%.

Nel caso di un mutuo con opzione biennale verrà, invece, considerato l'IRS 2 anni, ovviamente ogni due anni.

Un mutuo con opzione biennale potrà iniziare con un tasso pari a IRS 2 anni + spread, se si desidera cominciare con il tasso fisso, o Euribor + spread se si sceglie di partire con il tasso variabile. Dopo due anni l'opzione si ripresenterà.

Scegliendo di continuare a tasso fisso il tasso praticato sarà pari all'IRS 2 anni rilevato a quel tempo, maggiorato dello spread contrattuale.

- L'Eurirs (acronimo di Euro Interest Rate Swap, tasso per gli swap su interessi) è il tasso di riferimento, calcolato giornalmente dalla European Banking Federation, che indica il tasso di interesse medio al quale i principali istituti di credito europei stipulano swap a copertura del rischio di interesse.

L'Eurirs è usato come tasso base per calcolare interessi fissi, come quello dei mutui: ad esempio, un mutuo a tasso fisso può essere offerto come l'Eurirs per la durata del mutuo più uno spread variabile a seconda dell'istituto bancario tra 0,5% e il 3%.

La Federazione Bancaria Europea è un'associazione che raccoglie i principali istituti di credito dell'UE, ed è indipendente dalle banche centrali. I tassi di riferimento sono stabiliti giornalmente; Eurirs e Euribor non sono indicizzati al tasso di sconto e alla politica monetaria decisi dalla BCE.

La pubblicazione non avviene né nel sito ufficiale della FBE né tramite un periodico o uno dei circuiti stampa utilizzati per l'informativa finanziaria (Reuters, Boomberg).

- L'Eurirs dipende dalla durata del prestito, non dall'ammontare del capitale. Come gli altri tassi di interesse, in generale, maggiore è la durata del prestito, e maggiore sarà l'EurIRS da applicare.

Per i prestiti a tasso fisso, il creditore subisce un rischio di mercato, legato a una variazione dei tassi di interesse.

- Se i tassi di interesse scendono al di sotto del tasso capitale, al quale è stato stipulato il mutuo, la banca guadagna.
- Se i tassi di interesse salgono al di sopra dell'interesse al quale viene ripagato il debito, la banca subisce una perdita, pari alla differenza fra i due tassi.

In termini finanziari, un mancato guadagno è equivalente a una perdita secca. Per tutelarsi dal rischio di una perdita per un rialzo dei tassi di mercato, la banca stipula appunto dei contratti in strumenti derivati, gli swap.

Il prezzo di questi derivati può essere espresso come interesse percentuale sull'ammontare dei prestiti a tasso fisso "riassicurati". L' Interest Rate Swap (IRS) è il tasso di interesse al quale le banche ottengono gli swap, ed è una media degli interessi applicati agli swap pesata per i volumi di scambio. I tassi IRS sono reperibili quasi esclusivamente sulla stampa specializzata. Il Sole 24 Ore li riporta ogni giorno (eccetto dopo il sabato o i festivi) all'interno dell'inserto Finanza e Mercati. Le quotazioni dell'IRS dipendono strettamente dai mercati dei tassi a lungo termine. Il loro andamento coincide con quello degli investimenti obbligazionari di pari durata.

La logica generale è che più è lungo il periodo a tasso fisso, più sarà alto il relativo interesse. Tuttavia in epoche di forte stabilità gli IRS riferiti al lunghissimo termine risultano solo moderatamente più alti di quelli del medio periodo, magari di appena un punto percentuale.

Attenzione però, perché è sufficiente qualche avvisaglia di criticità all'orizzonte per farli impennare bruscamente. E poiché il tasso applicato a un mutuo a tasso fisso viene definito usualmente il giorno della stipula, è buona norma tenere sotto controllo fino ad allora il livello del tasso IRS di riferimento.

L'idea dei derivati è sfuggevole perché siamo abituati a ragionare in termini di tassi su scambi reali di capitale.

Sappiamo cioè che il denaro viene prima prestato, quindi utilizzato e poi rimborsato insieme a una quota aggiuntiva, detta interesse. I contratti sui derivati invece non comportano l'effettivo movimento del capitale. Infatti, l'obiettivo non è finanziario, ma speculativo.


**Esempio**


Diciamo che vogliamo mettere in piedi un contratto di swap. Io credo che sia vantaggioso investire a tasso variabile mentre tu hai fiducia nel tasso fisso. Allora potremmo fare così: io ti faccio un prestito a tasso variabile di 10.000 Euro e tu, contemporaneamente, ne fai uno a me di altrettanti 10.000 Euro a tasso fisso. Tutti i mesi io ti pago la rata a tasso fisso e tu mi rimborsi quella a tasso variabile.

Il meccanismo funziona, ma implica l'impegno di 20.000 Euro di capitale. A ben vedere, si potrebbe evitare di tirare in ballo il capitale e scambiarsi solo le quote interessi delle rate.

Tanto se io ti do 10.000 Euro e tu me ne dai 10.000 il nostro patrimonio alla fine resta lo stesso, quindi tanto vale evitare lo scambio. In questo modo le somme in gioco sarebbero solo quelle degli interessi, il che ci darebbe la possibilità di giocare anche su importi molto grossi che non possediamo veramente.

Ed ecco realizzato lo swap.

Con questo sistema quindi, è possibile, per una delle parti, trasformare un prestito a tasso variabile in uno a tasso fisso.

Così le banche fanno rifornimento di denaro sul mercato a tasso variabile privo di rischi, stipulano contratti di swap con speculatori che assorbono il rischio di variazione e quindi prestano il denaro a tasso fisso senza temere le fluttuazioni dei tassi. A volte nelle specifiche di costo si trovano riferimenti all'Eurirs. Esso coincide sostanzialmente con l'IRS.

Più precisamente si riferisce ai tassi ufficiali, diffusi dalla Federazione Bancaria Europea, che calcola quotidianamente la media degli IRS con cui le banche europee realizzano le operazioni di swap.

## Il tasso BCE

A seguito delle turbolenze nel mercato finanziario verificatesi negli ultimi mesi del 2008 il Governo Italiano ha emesso il cosiddetto 'Decreto anti crisi', poi convertito nella Legge n. 2/2009, all'interno del quale si prevede, tra l'altro, l'obbligo per gli Istituti di Credito che offrono mutui a tassi variabili di consentire al cliente la possibilità di optare per il tasso della Banca Centrale Europea (BCE).
Il tasso BCE, anche detto tasso refi, perché relativo alle operazioni di rifinanziamento, è quindi un indicatore estremamente significativo della situazione economica europea, e ha importanti effetti anche per il consumatore finale: i tassi d'interesse stabiliti dalla Banca Centrale Europea incidono, infatti, sui tassi interbancari come l'indice Euribor, sul quale si basano i mutui a tasso variabile.
L'entità di questo interesse di rifinanziamento corrisponde, quindi, al prezzo che le banche pagano per prendere in prestito il denaro dalla Banca Centrale Europea. Il "prezzo di acquisto" è un fattore importante per le banche per determinare i tassi d'interesse che adottano nel momento in cui prestano il denaro.
Per capire l'opportunità o meno di scegliere il tasso BCE come parametro per un mutuo occorre fare una premessa. Per determinare la rata del mutuo vengono generalmente utilizzati i tassi Euribor ed Eurirs e questi tassi sono calcolati in base all'andamento del costo del denaro scambiato tra le principali banche europee. Il tasso BCE è invece fissato dalla Banca Centrale Europea, che con la sua politica monetaria incide direttamente sull'andamento dei tassi di interesse. Va detto che storicamente questo indice è stato spesso inferiore all'Euribor, anche se negli ultimi mesi la situazione si è invertita, e che gli spread proposti dalle banche per i mutui a tassi BCE sono superiori a quelli indicizzati all'Euribor.
Nella scelta di un mutuo BCE bisogna quindi soppesare accuratamente vantaggi e svantaggi, tenendo conto che non esiste un mutuo migliore in assoluto.

Riassumendo, da un lato l'indice BCE è più stabile, non subisce oscillazioni giornaliere e in genere è più basso dell'Euribor, dall'altra occorre prestare attenzione allo spread maggiore che può rendere poco conveniente l'offerta.

Il Tasso BCE è attualmente fissato a 0,00% (ultima modifica 10 marzo 2016). Ultimo incontro del Consiglio direttivo della BCE: 10 marzo 2016. Di seguito una sintetica tabella con i dati a partire dal 15 ottobre 2008.

| | | Tasso su deposito overnight | Tasso su rifinanziam. marginale | |
| --- | --- | --- | --- | --- |
| | Data inizio validità | | | Data inizio validità |
| 0,00 | 16/03/2016 | -0,40 | 0,25 | 16/03/2016 |
| 0,05 | 10/09/2014 | -0,30 | 0,30 | 09/12/2015 |
| 0,05 | 10/09/2014 | -0,20 | 0,30 | 10/09/2014 |
| 0,15 | 11/06/2014 | -0,10 | 0,40 | 11/06/2014 |
| 0,25 | 13/11/2013 | 0,00 | 0,75 | 13/11/2013 |
| 0,50 | 08/05/2013 | 0,00 | 1,00 | 08/05/2013 |
| 0,75 | 11/07/2012 | 0,00 | 1,50 | 11/07/2012 |
| 1,00 | 14/12/2011 | 0,25 | 1,75 | 14/12/2011 |
| 1,25 | 09/11/2011 | 0,50 | 2,00 | 09/11/2011 |
| 1,50 | 13/07/2011 | 0,75 | 2,25 | 13/07/2011 |
| 1,25 | 13/04/2011 | 0,50 | 2,00 | 13/04/2011 |
| 1,00 | 13/05/2009 | 0,25 | 1,75 | 13/05/2009 |
| 1,25 | 08/04/2009 | 0,25 | 2,25 | 08/04/2009 |
| 1,50 | 11/03/2009 | 0,50 | 2,50 | 11/03/2009 |
| 2,00 | 21/01/2009 | 1,00 | 3,00 | 21/01/2009 |
| 2,50 | 10/12/2008 | 2,00 | 3,00 | 10/12/2008 |
| 3,25 | 12/11/2008 | 2,75 | 3,75 | 12/11/2008 |
| 3,75 | 15/10/2008 | 3,25 | 4,25 | 09/10/2008 |
| 3,75 | 15/10/2008 | 2,75 | 4,75 | 08/10/2008 |

## Lo Spread

Il termine inglese Spread nell'ambito finanziario è il "margine di interesse bancario", cioè la percentuale di guadagno applicata dalle banche sul costo del denaro.

Semplificando, se il tasso di scambio ufficiale tra le banche del denaro, l'Euribor, rappresenta il costo del denaro, lo Spread è il guadagno o margine della banca che viene aggiunto a tale tasso; dalla somma dei due indici si ottiene il tasso nominale applicato al mutuo. Ne consegue che, se avessimo ottenuto un mutuo a tasso variabile con uno spread di 1,50 punti percentuali indicizzato all'Euribor a 3 mesi (tasso di riferimento), ipotizzando che il tasso Euribor sia all'1 %, il tasso annuo nominale sarà dato da: tasso + Spread = 1,00 + 1,50 = 2,50%.

Un mutuo a tasso variabile verrà perciò rimborsato a un tasso stabilito con il criterio:

Euribor + spread

dove l'Euribor costituisce la componente variabile del tasso, mentre lo spread quella fissa, che resterà invariata per tutta la durata del mutuo.

Sono rari i contratti che prevedono la modifica dello spread al raggiungimento di specifiche scadenze o al verificarsi di determinate condizioni. Essendo solidamente garantiti dall'ipoteca, i mutui sono gravati da modesti rischi di insoluto e consentono l'applicazione di spread molto bassi.

La media si attesta intorno all'1,60%. Si parte da offerte eccezionali intorno allo 0,70% per arrivare a punte del 3%, richiesto da banche che finanziano situazioni un po' più a rischio.

**Esempio**

Si consideri una differenza di spread dell'1% applicata a un mutuo ventennale di 100.000 Euro. Con un tasso del 4% si spenderanno 45.435 Euro di interessi.
Aumentando il tasso dell'1% la spesa sarà di 58.390 Euro. Una differenza di ben 13.000 Euro, ovvero il 28% in più.
Anche per i mutui a tasso fisso si parla di spread.
In quel caso costituisce la quota aggiuntiva applicata al parametro di riferimento IRS, in base al risultato dell'addizione:

IRS (di durata pari a quella del mutuo) + spread

Qui però lo spread servirà per calcolare il tasso una sola volta, il giorno della sottoscrizione del contratto di mutuo, perché in seguito il saggio di interesse non potrà più subire alcun aggiornamento.
È interessante notare che oggi, con l'Euribor ai minimi storici, parlare di uno spread all'1,70, anche 2% non generi preoccupazione, ben diversa è la situazione con tassi di riferimento al 4-5 % come successe nel 2008. 56

## Tipologie di mutuo

Oggi gli istituti bancari offrono diverse possibilità di scelta a chi ha necessità di un mutuo, proponendo mutui tradizionali o tipologie innovative, tassi fissi, variabili, misti, a rata costante o variabile, con tetto massimo o con polizze assicurative che garantiscono maggior sicurezza a chi decide di fare un passo così importante. Impossibile dire a priori quale sia il mutuo migliore, troppi sono i fattori personali che possono influire nella scelta. Possiamo dire che i mutui si suddividono innanzitutto in due categorie:

- Mutui a tasso fisso.
- Mutui tasso variabile. I mutui a tasso variabile, a loro volta, si dividono in numerose tipologie, differenti per i parametri e i metodi di calcolo. Avremo quindi:
  - ✓ Mutui variabili tradizionali, con rata indicizzata.
  - ✓ Mutui a rata costante.
  - ✓ Mutui capped rate.
  - ✓ Mutui a tasso misto e a rimborso libero.
  - ✓ Mutui in valuta estera.
  - ✓ Conto Corrente Ipotecario.
  - ✓ Mutui agevolati.
  - ✓ Mutui per giovani coppie.

## Mutuo a tasso fisso

Qualche anno fa, prima dell'avvento dell'Euro, in Italia un mutuo a tasso fisso al di sotto del 6 % era una chimera, con l'Euro è invece diventata una regola. Cerchiamo prima di tutto di capire come si determina la rata del mutuo a tasso fisso:

- Il parametro di riferimento per il mutuo a tasso fisso è l'Eurirs, o IRS, il cui valore è fissato giornalmente dalla EBF e varia in base alla durata del mutuo.

- La rata di ammortamento viene fissata il giorno della firma del contratto di mutuo; nel calcolo della rata viene utilizzato il valore dell'Eurirs relativo al periodo di rimborso con l'aggiunta dello spread a favore della banca, e da allora in poi la rata resterà invariata per tutta la durata del mutuo.

La rata del mutuo a tasso fisso è normalmente superiore rispetto a quella di un tasso variabile perché tiene conto del margine di rischio che si accolla la banca; in genere il tasso effettivo per questi mutui è di 1 o 2 punti percentuale superiore al tasso variabile, ma la sicurezza avrà pure un prezzo.
E il costo del denaro aumenta all'aumentare del rischio.
Si consiglia di porre molta attenzione alle condizioni proposte in fase di scelta; il mutuo a tasso fisso, come abbiamo visto, ha una rata fissa e costante per tutta la sua durata e non deve essere confuso con la tipologia dei mutui con opzione, che prevedono una rata fissa per un periodo predeterminato con la possibilità alla scadenza di passare alla rata variabile.
L'insidia è che proseguendo con la rata fissa quest'ultima sarà rideterminata e in caso di un aumento dei tassi anche la rata aumenterà. Quindi, se non si vogliono sorprese e se non si è abituati a scommettere e a rischiare, il mutuo a tasso fisso sarà sicuramente la soluzione migliore. Prima di decidere bisogna però sempre valutare quali sono le altre possibilità, dato che oggi ci sono proposte che consentono di approfittare del momento davvero conveniente per il tasso variabile, ai minimi

storici, riducendo, almeno temporaneamente, i rischi e i costi al minimo.

**Mutuo a tasso variabile**

Il tasso variabile è utilizzato come parametro di riferimento tutta una serie di mutui, tutti alternativi ai mutui a tasso fisso.

I mutui a tasso variabile dall'introduzione dell'Euro sono stati indicizzati all'Euribor, finché a seguito della crisi del 2008 e all'impennata dei tassi variabili il cosiddetto Decreto Anti-Crisi (Decreto Bersani) ha imposto agli istituti di credito l'obbligo di offrire anche mutui indicizzati al tasso BCE.

Nel caso di mutui a tasso variabile indicizzati all'Euribor l'aggiornamento sarà parametrato all'indice a uno, tre o sei mesi a seconda della rateizzazione, mentre nel caso di indicizzazione al tasso BCE il parametro è fisso e univoco, in ogni caso è il contratto di mutuo che, stabilendo le modalità di calcolo di ogni rata, fissa quale sia l'indice da utilizzare.

Il mutuo a tasso variabile 'puro' è una delle possibilità di scelta, ha il vantaggio di essere il mutuo più conveniente al momento della sottoscrizione ma porta con sé il rischio di una rata soggetta a tutte le variazioni del mercato monetario, nel bene e nel male. Il piano di rimborso di questa tipologia di finanziamenti prevede un periodo di ammortamento della quota capitale di durata predefinita, perciò al variare del tasso di riferimento si verificherà una variazione positiva o negativa della quota di interesse, con conseguente variazione della rata di rimborso. Ricordiamo che il trend di crescita dei tassi nel 2008 ha messo in seria difficoltà numerosissimi italiani che hanno visto la rata del mutuo crescere esponenzialmente, superando quasi del 40% la rata originaria.

## Mutuo a tasso variabile e rata costante

Come descritto nella sezione dei mutui a tasso variabile, la volatilità dei tassi d'interesse può a volte influire positivamente sulla rata del mutuo, facendola decrescere, ma può succedere anche il contrario. Analizzando l'andamento dei tassi d'interesse è stato appurato che nel lungo periodo il tasso variabile è storicamente più vantaggioso rispetto al tasso fisso, ma come è possibile salvaguardarsi da aumenti della rata?

Il mutuo a rata costante offre una delle possibili soluzioni, anche se da valutare con estrema cautela. Si tratta di un mutuo a tasso variabile, quindi indicizzato all'Euribor o al tasso BCE, nel quale l'importo della rata di rimborso mensile è fisso e viene stabilito nel contratto di mutuo in base alla durata.

La rata resterà invariata, quindi non si avranno sorprese in aumento ma nemmeno riduzioni, tutte le variazioni del tasso sia positive sia negative andranno a influire sulla durata del mutuo e in molti casi si compenseranno tra di loro.

Infatti, alla riduzione dei tassi corrisponderà una diminuzione della durata e viceversa, perciò dato che nel piano di rimborso a essere fissa è la rata, a variare sarà la quota di capitale rimborsato rispetto a quanto previsto dal piano di ammortamento iniziale con conseguente modifica del periodo di ammortamento. Riassumendo, il mutuo a tasso variabile con rata costante può essere una soluzione vantaggiosa, che offre la tranquillità di una rata ben definita e fissa parametrata all'Euribor o al tasso BCE, anche se non è possibile determinare a priori la reale durata del prestito.

### Esempio

Consideriamo un mutuo di 100.000 Euro con originaria previsione di rimborso in 360 rate mensili (30 anni) al tasso iniziale del 4%. Ipotizziamo che il tasso resti invariato per i primi 2 anni. Il piano di ammortamento sarà fino a qui quello di un mutuo tradizionale (ammortamento francese) e con la sua rata mensile di 477,42 Euro ridurrà il debito residuo fino a 96.406 Euro. A questo punto apportiamo un aumento di tasso dal 4% al 4,5%. L'effetto sarà un incremento del numero di pagamenti necessari che passerà da 360 a 402; in dettaglio, il risultato sarà di 378 rate necessarie a completare l'ammortamento, che sommate alle 24 già pagate dà un totale di 402 mesi complessivi.

Noto il numero di rate sarà possibile ricostruire il piano di ammortamento, con il tradizionale metodo francese, utilizzando il capitale residuo e il tasso aggiornato. La stessa procedura di calcolo andrà ripetuta tutte le volte che varierà il tasso. A questo punto possiamo fare un'osservazione curiosa. Continuiamo allora con l'esempio soprastante mantenendo per due anni il tasso del 4,5% (0,5% in più di quello originario). Il debito residuo scenderà così fino a 93.501 Euro. Quindi nei due anni successivi riduciamo il saggio di interesse al 3,5% (0,5% in meno di quello iniziale). In questo modo dovremmo compensare perfettamente i due anni precedenti. Al termine del sesto anno ripristiniamo il tasso originario del 4% e manteniamolo fino alla fine. Ricalcolando il piano di ammortamento ci aspetteremmo di concludere il rimborso con il pagamento delle 360 rate originalmente previste. Invece ci accorgeremo che nonostante l'equiparazione degli eventi sui tassi, per estinguere il debito dovremo aggiungere altri 320 Euro. Ciò accade perché l'effetto sugli interessi prodotto dall'aumento di tasso tra il secondo e quarto anno ha avuto più rilevanza di quello tra il quarto e il sesto, in quanto "lavorava" su un debito residuo più elevato.

Da queste considerazioni appare evidente che la prima fase del mutuo è maggiormente sensibile alle variazioni e può determinare allungamenti o restrizioni più significative della durata. Man mano che il tempo passa gli effetti diventano più trascurabili, tanto da non riuscire a compensare interamente gli effetti degli scostamenti osservati in precedenza.

Bisogna sottolineare tuttavia che la garanzia della rata bloccata non è assoluta. Il problema nasce dal fatto che le banche non ammettono in nessun caso la crescita del debito. Ciò significa che, se a causa dell'aumento dei tassi la rata "fissa" non fosse più in grado di rimborsare tutti gli interessi maturati, essa aumenterà comunque, altrimenti la conseguenza sarebbe un aumento del debito, peraltro di ben difficile amministrazione considerato il divieto per le banche di percepire interessi sugli interessi.

Ad esempio, stipulando un mutuo a durata variabile di 100.000 Euro al 4%, di 30 anni all'origine, verrà stabilita una rata mensile fissa di 477 Euro. Se dopo un anno i tassi crescessero al 6% la rata non basterebbe più a pagare gli interessi, 491 Euro al mese. In tal caso la banca pretenderà di aumentarla.

Alcuni contratti pongono inoltre dei confini all'estensione massima della durata, prevedendo che la rata venga automaticamente adeguata in caso di potenziale superamento del limite. Tornando all'esempio precedente, si consideri una banca che stabilisca il limite di 5 anni per l'estensione massima della durata di mutuo, quindi 35 anni totali. Se dopo un anno i tassi crescessero oltre il 4,6% la rata dovrebbe aumentare, altrimenti il rimborso si estenderebbe oltre i 35 anni consentiti, in quanto 4,6% è il tasso di ammortamento di un mutuo di 34 anni con una rata di 477 Euro su un debito di 98.239 Euro, il capitale residuo dopo il primo anno. Insomma la rata è fissa sì, ma solo fino a un certo punto. In caso di superamento dell'estensione massima di durata ammessa, al posto dell'aumento della rata alcuni contratti prevedono l'accumulo della quota capitale non pagata. Esso dovrà essere rimborsato alla fine mutuo. Qualche banca ne prevede perfino il rientro con un pagamento rateale in diversi anni, alla fine del mutuo.

## Mutuo capped rate a tasso variabile

Formula in cui l'ammontare degli interessi dipende dall'andamento di un indice di riferimento legato al costo del denaro ma, a differenza del tasso variabile standard, l'opzione CAP permette di fissare a priori un tetto massimo (detto CAP rate) al tasso di interesse per tutelarsi da possibili oscillazioni verso l'alto dei tassi di interesse. La peculiarità di questi mutui sta nel fatto che il tasso di interesse non potrà mai andare oltre un certo limite predefinito dal contratto stesso: se il tasso d'interesse è inferiore al tetto massimo, il calcolo degli interessi sarà conforme al mutuo a tasso variabile; se il tasso dovesse aumentare, e quindi superare la soglia del tetto massimo, non si pagherà mai un tasso superiore alla soglia stabilita nel contratto. A questa sicurezza corrisponde generalmente uno spread leggermente più alto. Grazie a una copertura assicurativa che copre il rischio del rialzo dei tassi al di sopra di una ben determinata soglia, alcune banche offrono questo prodotto, il mutuo capped rate, che, con un costo di rata di poco superiore al tasso variabile "puro", salvaguarda il mutuatario.

- Sottoscrivere i mutui capped rate può essere vantaggioso quando la differenza tra tasso fisso e variabile è tale da giustificare il costo della polizza assicurativa.

Se, invece, la differenza tra i tassi è inferiore al punto percentuale la situazione può cambiare a favore del tasso fisso, fermo restando che con i mutui a tasso variabile con capped rate si potrà comunque beneficiare di eventuali future riduzioni dei tassi d'interesse. Ovviamente questa protezione per il cliente corrisponde ad un rischio per la banca, che a sua volta cerca di tutelarsi contro l'eventuale mancato guadagno fissando un tasso di base leggermente più alto del normale. Di solito si tratterà di spendere circa l'1% in più in cambio di un limite massimo all'escursione del tasso, nell'ordine di un paio di punti percentuali, fino a tre per le durate più lunghe.

Peraltro, ad ulteriore garanzia di tutela economica per la banca, insieme al CAP viene spesso stabilito il FLOOR, ovvero la soglia minima al di sotto della quale il tasso non può scendere.

Il mutuo tasso variabile con CAP è consigliato alle persone che cercano una via di mezzo tra la stabilità del tasso fisso e i possibili vantaggi economici del tasso variabile. Chi sceglie un mutuo di questo tipo può sfruttare a suo beneficio le oscillazioni al ribasso dei tassi di mercato, che si traducono in rate minori, accollandosi al contempo un rischio limitato grazie alla presenza di una soglia massima prestabilita. Il mutuatario deve però tenere in considerazione due fattori:

- Il tasso di base sul quale è calcolata la rata è leggermente più alto del normale.
- Il FLOOR, se presente, pone un limite minimo al di sotto del quale la rata non può scendere, annullando quindi i benefici di una diminuzione eccessiva dei tassi di riferimento.

Coloro che scelgono un prodotto a tasso variabile con Cap lo fanno proprio per godere della certezza che esiste un tasso massimo applicabile a cui corrisponde una rata massima ammissibile. Si tratta di una formula adatta a chi intende usufruire delle possibilità di ribasso dei tassi di interesse e allo stesso tempo non vuole rischiare con le varie oscillazioni dei tassi verso l'alto, che, infatti, potrebbero portare a rate difficili poi da poter sostenere. Il mutuo variabile con CAP è dunque indicato per chi ha una propensione al rischio limitata e desidera una garanzia aggiuntiva sul rimborso del finanziamento, senza perdere però tutti i vantaggi tipici del tasso variabile.

- Ma attenzione, pur essendo vero che il mutuo con Cap è un mutuo a tasso variabile con una soglia prefissata che non può essere oltrepassata, tuttavia, bisogna considerare che tale vincolo è applicato al solo tasso d'interesse e non al rimborso della quota capitale già prefissata all'atto della sottoscrizione del mutuo.

Ciò significa che a ogni variazione futura del tasso, la parte della rata che subirà il ricalcolo è solo la quota interessi e non la quota capitale, mentre per gli altri prodotti a tasso variabile l'incremento del tasso riguarderà l'importo delle quote capitale. Con il mutuo variabile con Cap le quote capitale restano, invece, quelle presentate nel piano di ammortamento presente durante la stipula del contratto.

## Mutuo a tasso misto

Il mutuo a tasso misto con opzione è una particolare tipologia di mutuo, che consente di modificare il tipo di tasso di riferimento nel corso della durata del mutuo, a scadenze predeterminate.

Il meccanismo è il seguente: alla firma del contratto di mutuo viene scelto il tipo di tasso, fisso o variabile, che sarà utilizzato per il calcolo della rata del periodo stabilito (da 2 a 5 anni), alla scadenza del quale il mutuatario dovrà esercitare nuovamente l'opzione di scelta del tipo di tasso, a condizioni aggiornate.

La scelta potrà essere tra quella del tasso variabile se sarà più favorevole al mutuatario e quella del tasso fisso se si desidera una rata certa.

Il tasso e l'importo della rata saranno fissati alla data di scadenza dell'opzione per il periodo seguente, con conseguente rideterminazione della rata, anche nel caso del tasso fisso.

Potrebbe sembrare una soluzione piuttosto interessante, ma è da rilevare un aspetto sfavorevole nei mutui a tasso misto che porta a consigliare prudenza nella scelta. Il problema è che nemmeno un esperto del mercato finanziario è in grado di prevedere con certezza l'andamento dei tassi nel medio e lungo periodo e il rischio è dato dal dover periodicamente effettuare la scelta del tasso e ricalcolare a condizioni aggiornate anche il tasso fisso, magari in un momento in cui è all'apice.

Riteniamo che oggi, a fronte delle opportunità offerte dal Decreto Bersani sulla surroga e portabilità dei mutui, questo tipo di prestito sia meno interessante che in passato e che sia preferibile effettuare una scelta precisa tra tasso fisso o variabile, con la consapevolezza che in seguito sarà comunque possibile, in caso di importanti cambiamenti nel mercato finanziario, rinegoziare o sostituire il mutuo.

## Mutuo a tasso variabile e rimborso libero

Il mutuo dedicato a chi ha redditi certi ma variabili.
Il mutuo a tasso variabile a rimborso libero consente di pagare delle rate mensili ridotte, può essere una scelta utile se il proprio reddito è variabile nel tempo, oppure in previsione di entrate periodiche straordinarie che consentiranno di restituire tutto o in parte la quota capitale.
Il naturale ammortamento del mutuo prevede in genere, alla scadenza di ogni rata, il rimborso degli interessi maturati insieme a una parte del capitale.
Il piano di rimborso del mutuo a rimborso libero prevede invece il versamento rateale della sola quota interessi, mentre per il rimborso del capitale sono previste delle scadenze precise definite dal contratto di mutuo, ad esempio ogni 5 anni.
Il mutuatario ha perciò la facoltà di rimborsare la quota capitale alla scadenza prefissata oppure anche anticipatamente o parzialmente, in occasione di una scadenza di rata, a sua scelta.
A fronte del libero rimborso del capitale mutuato sarà di volta in volta ricalcolata la rata degli interessi sul capitale residuo, ferma restando la durata dell'ammortamento pattuita nel contratto di mutuo.

## Mutuo in valuta estera

I mutui in valuta possono offrire tassi d'interesse più convenienti rispetto all'euro (diciamo offrivano, visto il valore attuale dei tassi d'interesse nell'area Euro). Fare un mutuo in valuta estera in Italia è possibile, non è necessario rivolgersi a una banca estera ma può essere richiesto direttamente ad alcuni Istituti bancari italiani che offrono tale prodotto finanziario. La convenienza deve essere valutata comparando i tassi applicati nella cosiddetta area Euro rispetto a paesi che non vi aderiscono, dato che la politica monetaria di questi ultimi può differire da quella della BCE. È però necessario essere molto prudenti, i mutui in valuta estera vanno rimborsati con la stessa valuta prescelta e sono perciò soggetti al rischio delle oscillazioni dei cambi monetari. A ogni scadenza di rata, se non si dispone della valuta estera appropriata, è necessario provvedere al cambio dell'Euro con l'aggravio dei costi di cambio.

Per tale motivo i mutui in valuta possono essere una opportunità ma anche un rischio in quanto, in caso di rivalutazione della valuta prescelta il capitale residuo sarebbe incrementato dal cambio in Euro; per questo motivo sono consigliati a chi percepisce un reddito nella stessa valuta estera prescelta, così da rendere meno pressante il rischio di cambio. I mutui in valuta vengono richiesti frequentemente da lavoratori frontalieri, che lavorando in paesi confinanti con l'area Euro percepiscono i redditi in valuta e sono concessi a un tasso variabile.

I mutui in valuta più diffusi, utilizzati dai lavoratori frontalieri nel Nord Italia, sono i mutui in Franchi Svizzeri (CHF) indicizzati al tasso Libor che viene quotato a 1 - 3 - 6 - 12 mesi.

Chi viene a sapere di Stati dove i tassi dei mutui superano di poco l'1% non può fare a meno di considerare l'ipotesi di indebitarsi all'estero. In realtà non servirebbe neanche andare così lontano. Molte banche italiane sono in grado di erogare mutui nella valuta di quei Paesi, a condizioni simili.

Ma va considerato che ciò significherà accettare un piano di ammortamento interamente regolato in tale divisa in cui sia la rata sia il debito residuo non saranno più espressi in Euro ma nella valuta estera prescelta.

Visto che il rapporto di conversione tra le valute è in continua variazione, in termini tecnici si dirà che il cliente si è accollato il "rischio di cambio". Attenzione, la conversione di una valuta in un'altra è soggetta a un costo a favore della banca che effettua l'operazione, detto commissione di cambio. Inoltre il mutuo in valuta richiede di solito l'apertura di un conto corrente di appoggio nella stessa divisa del mutuo. Va dunque premesso che il mutuo in valuta non è assolutamente raccomandabile a chi non sarebbe in grado di sopportare vere e proprie esplosioni della rata, fino al suo raddoppio e oltre. L'opportunità di riconvertire il debito in Euro dopo una variazione sfavorevole non rappresenterebbe alcuna possibilità di recupero del danno, in quanto ciò avverrebbe al tasso di cambio aggiornato.

Fatta la debita premessa consideriamo un paio di argomenti che potrebbero indurre il ricorso al mutuo in valuta, con fini dichiaratamente speculativi. Poiché i rapporti di cambio tra le monete tendono a seguire nel medio termine andamenti ciclici, si può cercare di approfittare di un periodo in cui l'Euro è debole per indebitarsi. In tal modo l'eventuale rafforzamento della nostra valuta permetterà di estinguere anticipatamente il debito con una somma inferiore.

Immaginiamo per esempio un Euro sottovalutato rispetto al Dollaro USA, con rapporto di cambio di 0,85 Dollari per un Euro. Un mutuo di 100.000 Euro corrisponderebbe così a un debito di 85.000 Dollari. Tuttavia in caso di successivo apprezzamento dell'Euro la quantità di valuta comunitaria necessaria a estinguere il debito scenderebbe drasticamente.

Per esempio con un rapporto di cambio di 1,20 basterebbero 70.833 Euro, cioè quasi il 30% in meno della somma ottenuta all'origine. Ovviamente il rischio di cambio potrebbe anche giocare in modo sfavorevole, aumentando il controvalore del debito. Attenzione, in caso di estinzione anticipata un ulteriore beneficio proverrebbe dalla maggiore rapidità con cui il debito viene abbattuto nel tempo, quando i tassi sono più bassi.

Ad esempio, estinguendo un mutuo decennale di 100.000 Euro al 4%, dopo 5 anni si osserverà un capitale residuo di circa

55.000 Euro; ma sarebbero 52.500 nel caso di un mutuo regolato al 2%.

Se il differenziale tra il tasso dell'Euro e quello della valuta straniera è elevato si può valutare l'ipotesi di guadagnare sfruttando il tasso più favorevole, a condizione che il rapporto di cambio tra le due divise sia presumibilmente stabile.

Consideriamo un mutuo di 100.000 Euro da rimborsare in 10 anni. Ammettiamo la possibilità di sostenere un costo del 2% in Yen giapponesi o del 6% in Euro. Le rate originarie risulteranno essere rispettivamente di 920 e di 1.110 Euro, con una differenza tra loro di circa il 20%. Ciò assicurerà un guadagno sul fronte degli interessi per tutto il tempo durante cui il rapporto di cambio Euro/Yen non sfavorirà l'Euro oltre il 20%.

E anche in caso di sforamento di tale limite si potrà temporaneamente restare in un contesto generale positivo considerando i benefici acquisiti nei periodi precedenti.

Va anche osservato che molto dipende dal momento in cui il cambio si altera. Il risparmio realizzato con la riduzione di tasso nei primi anni, quando il debito è maggiore, produce effetti sulla spesa molto più consistenti che nei periodi successivi.

In tutti i casi converrà disporre di una clausola che permetta di riconvertire il mutuo in Euro in qualsiasi momento.

Essa potrà rivelarsi molto preziosa per consolidare eventuali guadagni o anche sfuggire a periodi potenzialmente pericolosi, senza essere per questo costretti a estinguere il debito. 69

## Il conto corrente ipotecario

Una forma di finanziamento utilizzata soprattutto in ambito imprenditoriale è il conto corrente ipotecario.

È un mutuo che prevede l'apertura di un apposito conto corrente nel quale la Banca, a seguito dell'iscrizione di ipoteca volontaria, mette a disposizione un affidamento con scadenza determinata nel contratto di mutuo.

Il titolare può utilizzare il conto corrente ipotecario liberamente, in base alle proprie esigenze, mediante movimenti di denaro in entrata e in uscita a seconda delle necessità, pagando periodicamente il solo interesse sulle somme effettivamente utilizzate e quindi sullo scoperto di conto corrente.

In genere è prevista, nel contratto di mutuo, la riduzione dello scoperto consentito, in base a un preciso piano di rientro predeterminato.

Il finanziamento di conto corrente ipotecario è utilizzato da imprenditori e da lavoratori autonomi, in particolare per liquidità aziendale e acquisto di beni per l'impresa, ed è una ottima opportunità di finanziamento se sono previste adeguate movimentazioni di denaro, anche in entrata, che possono portare a interessanti risparmi di interessi.

# I mutui agevolati

I mutui agevolati possono prevedere una riduzione del tasso d'interesse, una riduzione del rimborso capitale oppure sconti e sgravi fiscali. Possono usufruire dei mutui agevolati le categorie dei lavoratori dipendenti, i dipendenti statali, le giovani coppie e altre situazioni particolari. I mutui agevolati prevedono un contribuito che copra una parte del rimborso del capitale o degli interessi del prestito, o comunque una riduzione del carico fiscale sul mutuo. Di queste agevolazioni si occupa l'ente istituzionale interessato che sia Stato, Regione o altro.

Il mutuo agevolato viene in genere concesso a persone che rispondono a determinate caratteristiche: ad esempio ve ne sono per i lavoratori dipendenti, per i dipendenti statali, per i lavoratori autonomi o atipici, e soprattutto per alcune classi e categorie sociali. L'acquisto dell'abitazione principale, legata alla richiesta di mutui per la prima casa, è il caso più comune in cui si ricorre a un mutuo agevolato, e i vantaggi in questione sono per lo più fiscali. I mutui per la prima casa sono da intendersi come agevolati in quanto vengono applicate aliquote ridotte sulle varie imposte che gravano sulla compravendita degli immobili e viene permessa la detrazione di molti dei costi definiti accessori. Ovviamente tutte queste agevolazioni sui mutui prima casa sono previste solamente per le persone fisiche e tra i requisiti per accedervi è necessario che l'abitazione non rientri in quelle di categoria lusso e che si trovi nel comune di residenza e infine che l'acquisto riguardi, appunto, un immobile per il quale si può godere delle c.d. agevolazioni per l'acquisto della prima casa. Agevolazioni sono previste anche per la ristrutturazione della casa e queste non si discostano da quelle dei mutui finalizzati all'acquisto di un immobile.

Ai documenti tradizionalmente richiesti per accendere un mutuo acquisto casa vanno però ad aggiungersi documentazione e indicazioni dettagliate relative ai lavori di ristrutturazione da effettuare sull'immobile.

**I Mutui per giovani coppie**

Giovani coppie intenzionate ad accendere un mutuo possono talvolta usufruire di agevolazioni particolari per procedere all'acquisto della prima casa.
Tra le agevolazioni concesse con questo tipo di mutuo vi sono:
- Tassi di interesse più bassi rispetto a un normale mutuo.
- Finanziamenti che arrivano a coprire quasi la totalità del valore dell'immobile (quindi oltre il normale 80% del valore dell'immobile coperto).
- Agevolazioni sulle imposte relative al mutuo.
- Spese di istruttoria e tempistiche di erogazione ridotte.

In genere le amministrazioni e gli enti coinvolti in agevolazioni nel rimborso del capitale o di parte degli interessi hanno degli sportelli il cui compito è, appunto, di prestare assistenza ai fini dell'ottenimento del contributo e di spiegarne la routine.

## La durata del mutuo

La durata del mutuo (o periodo di ammortamento) è uno dei parametri chiave che concorrono, insieme al tasso di riferimento e allo spread, a determinare il costo della singola rata di rimborso del mutuo stesso. La banca mutuante utilizza questo parametro a partire dalla fase preliminare dell'istruttoria, per accertarsi che la rata di rimborso sia sostenibile per il mutuatario, parametrandola alle sue reali capacità di rimborso.

Da parte sua il mutuatario, tenendo d'occhio il montante degli interessi da pagare, cerca di trovare un giusto equilibrio tra la durata, più corta possibile, e una rata non eccessivamente pesante, proporzionata al proprio reddito.

Le durate dei mutui partono da un minimo di 5 anni e, a seconda delle politiche di credito di ciascuna banca, possono arrivare fino a periodi di ammortamento di 25, 30 o più anni, con un massimo di 50. Le durate più richieste oggi sono quelle da che vanno da 10 a 30 anni.

La stessa tipologia di mutuo può incidere sulla durata, in particolare alcuni mutui sono soggetti a limitazione del periodo massimo di ammortamento in base al tipo di tasso scelto.

In sostanza la banca, agendo sulla durata, si tutela contro il rischio derivante dalle variazioni future dei tassi limitandone la durata nel caso di tassi fissi e per quei tipi di mutui dai quali potrebbero derivare perdite patrimoniali nell'ipotesi di rialzi anomali del costo del denaro.

## Il piano di ammortamento

Ogni contratto di mutuo prevede l'elaborazione di un piano di ammortamento e cioè un programma prestabilito e graduale di estinzione del debito. Il piano di ammortamento acquisisce un sostanziale significato nei mutui a tasso fisso perché l'importo di ogni rata può essere effettivamente predeterminato posto che il tasso di interesse rimarrà invariato fino al rimborso totale del debito. Diversamente accade per i mutui a tasso variabile per i quali non è possibile a priori sapere quale sarà l'andamento dei tassi nel periodo di rimborso, perciò in questi casi il piano di ammortamento è indicativo e subirà dei cambiamenti nell'importo della quota di interessi o della durata a seconda del tipo di mutuo contratto. Per i mutui a tasso variabile, infatti, gli interessi che dovranno essere restituiti variano in base alle oscillazioni del tasso d'interesse e, più precisamente, dell'Euribor o del tasso BCE.

Esistono più tipologie di piani di ammortamento, a secondo delle caratteristiche del prestito; quello più frequentemente utilizzato nel nostro Paese per il mutui è il cosiddetto piano di ammortamento francese che prevede l'elaborazione di rate costanti per tutta la durata contrattuale a ciascuna delle quali vengono imputate la rispettiva quota di capitale e di interessi da rimborsare, delle quali la prima cresce ad ogni successiva rata mentre la seconda decresce proporzionalmente. È luogo comune che nei primi anni del mutuo si paghino "tutti gli interessi" mentre proseguendo si paghi il capitale, nella realtà in ogni rata del piano di ammortamento francese è compresa insieme alla quota capitale, in un perfetto equilibrio matematico, la quota degli interessi reali sino allora maturati e perciò l'estinzione anticipata del mutuo non penalizza in alcun modo il mutuatario, che dovrà sempre corrispondere alla banca solo ed esclusivamente l'interesse sino allora maturato.

La semplicità concettuale e pratica di un rimborso tramite rate tutte uguali, salvo variazioni di tasso, ha determinato il grande successo del metodo di ammortamento "francese" a rata costante.

Che si tratti di mutui, prestiti o leasing, quasi ogni finanziamento rateale viene proposto con l'ammortamento francese. Vediamo allora come funziona.

In primo luogo vanno ricordati i due principi che regolano la costruzione dei piani di ammortamento, cioè:

- La somma delle quote capitale contenute nelle rate deve ammontare all'importo originario del prestito.
- Con il pagamento della rata vanno riconosciuti tutti gli interessi maturati nel periodo cui la rata si riferisce.

Integrando il concetto del secondo punto con quello di rata costante diventa evidente che la composizione della rata dovrà cambiare nel tempo e sarà la quota interessi a dettare legge. La quota capitale dovrà assumere passivamente un valore pari alla differenza rispetto al totale della rata.

Proviamo ora ad applicare i concetti teorici costruendo il piano di ammortamento di un mutuo di 50.000 Euro al tasso fisso del 6% da rimborsare con 10 rate semestrali di 5.861,53 Euro.

Cominciamo a preparare una tabella con le quattro colonne classiche e a compilare la riga "zero", coincidente con il momento di rilascio del finanziamento:

| N° Rata | Quota interessi | Quota Capitale | Capitale Residuo |
|---|---|---|---|
|  |  |  |  |
| 0 |  |  | 50.000 |

Ecco quindi la procedura per il calcolo della riga riferita alla prima scadenza:

- Calcolare la quota interessi maturata alla scadenza della prima rata. Trattandosi di una rata semestrale bisognerà moltiplicare il debito del periodo (50.000 Euro) per il tasso del periodo (poiché il tasso annuo è 6%, il tasso di un semestre sarà pari alla metà, cioè il 3%). La quota interessi ammonterà perciò a 50.000 x 3% = 1.500.

- Ricavare la quota capitale per differenza tra rata e quota interessi. Una semplice sottrazione permetterà di ottenere la quota capitale: 5.861,53 (rata) - 1.500 (quota interessi calcolata al punto 1) = 4.361,53.

- Quantificare il capitale residuo dopo il pagamento della rata. Si ricava sottraendo dall'ultimo debito residuo del piano (in questo caso quello originario) la quota capitale calcolata al punto 2: 50.000 (debito) - 4.361,53 = 45.638,47.

Riportando i risultati in tabella si avrà:

| N° Rata | Quota interessi | Quota Capitale | Capitale Residuo |
|---------|-----------------|----------------|------------------|
| 0 | | | 50.000 |
| 1 | 1.500 | 4.361,53 | 45.638,47 |

Il procedimento di calcolo della seconda riga sarà lo stesso.

- La quota interessi scenderà perché verrà calcolata sul nuovo debito residuo di 45.638,47. Applicandovi il tasso semestrale del 3% gli interessi ammonteranno a 1.369,15.

- La quota capitale crescerà di conseguenza e sarà pari a 5.861,53 (rata) - 1.369,15 (quota interessi) = 4.492,37.

- Quindi, il debito residuo si ridurrà maggiormente con il pagamento della rata, in questo modo: 45.638,47 (ultimo debito residuo) - 4.492.37 (quota capitale) = 41.146,10.

Anche la seconda riga sarà così completata:

| N° Rata | Quota interessi | Quota Capitale | Capitale Residuo |
|---|---|---|---|
| 0 | | | 50.000 |
| 1 | 1.500 | 4.361,53 | 45.638,47 |
| 2 | 1.369,15 | 4.492,37 | 41.146,10 |

Applicando la procedura per le altre otto rate il piano si completerà, come indica l'azzeramento del debito alla decima scadenza.

| N° Rata | Quota interessi | Quota Capitale | Capitale Residuo |
|---|---|---|---|
| 0 | | | 50000,00 |
| 1 | 1500,00 | 4361,53 | 45638,47 |
| 2 | 1369,15 | 4492,37 | 41146,10 |
| 3 | 1234,38 | 4627,14 | 36518,96 |
| 4 | 1095,57 | 4765,96 | 31753,00 |
| 5 | 952,59 | 4908,94 | 26844,07 |
| 6 | 805,32 | 5056,20 | 21787,87 |
| 7 | 653,64 | 5207,89 | 16579,98 |
| 8 | 497,40 | 5364,13 | 11215,85 |
| 9 | 336,48 | 5525,05 | 5690,80 |
| 10 | 170,72 | 5690,80 | 0,00 |

## La rata di rimborso del mutuo

Aprendo un mutuo si assume l'obbligo di restituire alla banca la somma di denaro ricevuta in prestito, mediante il rimborso periodico di quote rateali, secondo quanto prestabilito nel contratto stesso. La rata di rimborso del mutuo, pertanto, rappresenta la quota di rimborso periodico con il quale gradualmente si provvede a estinguere il proprio debito ed è costituita da una quota di rimborso del capitale mutuato (rimborso del prestito) e dalla quota di rimborso degli interessi maturati e di eventuali spese. Normalmente si può scegliere se effettuare un pagamento mensile, trimestrale o semestrale. Le differenze maggiormente rilevanti si hanno, tuttavia, in base alla tipologia di mutuo che si è stipulato.

- Se il mutuo è a tasso fisso, per esempio, si è soliti parlare di rata costante e fissa e cioè una rata nella quale vengono imputate quote di capitale e quote di interesse e il cui importo è prefissato per tutta la durata pattuita per il rimborso.
- Se si è stipulato un mutuo a tasso variabile la rata può essere altrettanto costante ma solo fintanto che non subentreranno variazioni del tasso d'interesse poiché in quest'ultima ipotesi l'importo della rata cambierà sino alla successiva ulteriore variazione.
- Esiste poi quello che viene definito "mutuo a rata crescente" nel quale il rimborso viene predeterminato con riferimento alla durata del mutuo ma la rata cresce nel tempo in base alle condizioni pattuite con la banca. Le prime rate sono molto basse e aumentano gradualmente, come previsto nelle clausole contrattuali. È un mutuo ideato per coloro che hanno un reddito basso, ma con previsione di miglioramenti nel futuro prossimo.
- Nei mutui a rimborso libero sono computati nella rata esclusivamente gli interessi mentre il capitale verrà

corrisposto dal mutuatario in forma libera in base alle sue possibilità economiche.

Il calcolo della rata di un mutuo emerge dal piano di ammortamento che viene elaborato attraverso specifici algoritmi, cioè delle formule matematiche che, utilizzando dei parametri variabili scelti in sintonia tra banca e mutuatario, forniscono l'importo di ogni singola rata. L'algoritmo è determinato dal tipo di piano di rimborso, vale a dire che il mutuo a rata costante (alla francese) utilizzerà la sua propria formula matematica diversa, ad esempio, da quella per il mutuo a rata crescente. Ogni algoritmo utilizza quei parametri variabili stabiliti dal contratto di mutuo e decisi con il mutuatario, che vanno a determinare il piano di ammortamento e quindi il valore di ogni singola rata; tali parametri sono:

- Capitale mutuato.
- Durata del periodo del rimborso.
- Tasso di riferimento.
- Spread.
- Periodicità della rata di rimborso.

Il rimborso del prestito avviene in rate periodiche costituite da una quota capitale e una quota interessi.

E' bene partire da un presupposto fondamentale: il capitale è l'importo finanziato dalla banca ed è immutabile per tutta la durata del mutuo e allo stesso devono essere sommati gli interessi i quali, espressi in percentuale, rappresentano una sorta di corrispettivo che viene versato alla banca quale profitto per l'aver prestato la somma di denaro. Il versamento della rata del mutuo è finalizzato al rimborso periodico del prestito, mediante il quale il mutuatario estingue il proprio debito nei confronti dell'istituto bancario mutuante e contestualmente provvede a pagarne gli interessi. La rata del mutuo comprende quindi una quota di capitale (per il rimborso del mutuo) che andrà gradualmente a ridurre il debito contratto fino ad azzerarlo nell'arco temporale stabilito nel contratto di mutuo.

Esistono tuttavia anche i mutui a rimborso libero dove solo alcune rate prestabilite contengono la quota capitale, fatta salva la possibilità del mutuatario di scegliere con quali rate rimborsarlo anticipatamente. La quota capitale, pertanto, rappresenta l'imputazione periodica nella rata di mutuo del capitale erogato dalla banca espunto degli interessi.

Il pagamento degli interessi del mutuo avviene anch'esso attraverso il pagamento della rata di rimborso. Come detto in precedenza, gli interessi rappresentano il compenso attribuito alla banca per il prestito di una determinata somma di denaro, definita capitale mutuato. Questo compenso viene corrisposto alla banca in base a quanto stabilito nel contratto di mutuo sottoscritto tra mutuante e mutuatario; in genere è previsto il pagamento a cadenza mensile, trimestrale o semestrale degli interessi maturati sul prestito, da calcolarsi utilizzando i parametri previsti nel contratto, mediante il versamento di rate periodiche posticipate. Tali rate possono, a seconda del tipo di mutuo scelto, contenere sia una quota di interessi che una quota di capitale. La quota interessi, quindi, rappresenta l'imputazione periodica nella rata di mutuo degli interessi maturati nel periodo di riferimento.

- Il piano di ammortamento del mutuo riporta l'indicazione, per ogni rata del mutuo, di quale sia la quota di capitale e quali gli interessi, nell'ipotesi del tasso fisso.
- Nel caso di mutui a tasso variabile la quota degli interessi potrà variare in aumento o in diminuzione al variare del tasso di riferimento (Euribor o BCE).

## La sospensione della rata del mutuo

Il rimborso del mutuo è un importante impegno e il pagamento periodico della rata può essere più o meno gravoso anche in relazione a eventi che possono influire nella nostra capacità di rimborso: la posizione lavorativa, per esempio, potrebbe cambiare nel tempo.

- Si badi, peraltro, che il Testo Unico Bancario prevede che il ritardato pagamento, cioè quello effettuato tra il trentesimo e il centottantesimo giorno dalla scadenza della rata, quando lo stesso si sia verificato almeno sette volte anche non consecutive, conferisce alla banca il diritto di invocare la risoluzione del contratto con tutte le conseguenze che ne derivano.

Può accadere per svariati motivi di trovarsi in uno stato di malessere economico, soprattutto in una fase di recessione economica, durante il quale potrebbe risultare utile richiedere la sospensione della durata del mutuo. Le istituzioni da tempo stanno ricercando degli strumenti efficaci e, soprattutto, idonei a risollevare perlomeno i soggetti che vivono questa situazione in uno stato di reale disagio. Il primo importante passo è stato compiuto dall'accordo tra il ministro dell'economia, l'ABI (Associazione Bancaria Italiana) e le altre associazioni dell'osservatorio banche-imprese, il quale ha previsto per le imprese i seguenti interventi (operativi dal 30 giugno 2010):

- Sospensione per 12 mesi del pagamento della quota capitale delle rate di mutuo.
- Sospensione per 12 mesi ovvero per 6 mesi del pagamento della quota capitale implicita nei canoni di operazioni di leasing rispettivamente "immobiliare" ovvero "mobiliare".
- Allungamento a 270 giorni delle scadenze del credito a breve termine per sostenere le esigenze di cassa, con

riferimento alle operazioni di anticipazione su crediti certi e esigibili.

- Contributo al rafforzamento patrimoniale delle imprese di piccole e medie dimensioni, prevedendo un apposito finanziamento o altre forme di intervento per chi realizza processi di rafforzamento patrimoniale. Le rate devono essere in scadenza o già scadute (non pagate o pagate solo parzialmente) da non più di 180 giorni alla data di presentazione della domanda.

- Possono effettuare la domanda di sospensione le imprese che alla data del 30 settembre 2008 avevano esclusivamente posizioni classificate dalla banca "in bonis" e che al momento della presentazione della domanda per l'attivazione della sospensione o dell'allungamento dell'anticipazione sui crediti non hanno posizioni classificate come "ristrutturate" o "in sofferenza" ovvero procedure esecutive in corso. La sospensione della quota capitale delle rate determina la traslazione del piano di ammortamento per periodo analogo. Gli interessi sul capitale sospeso sono corrisposti alle scadenze originarie.

- Sulla falsa riga del provvedimento adottato per le imprese, il Comitato Esecutivo dell'ABI ha elaborato il c.d. "Piano famiglie" (operativo dal gennaio 2010), così prevedendo la possibilità in capo alle famiglie disagiate di sospendere il rimborso delle operazioni di mutuo per un tempo di dodici mesi e in determinate occasioni quali:
  1. Perdita del posto di lavoro dipendente a tempo indeterminato o termine del contratto di lavoro dipendente a tempo determinato, parasubordinato o assimilato.
  2. Cessazione dell'attività di lavoro autonomo.
  3. Morte di uno dei componenti il nucleo famigliare percettore del reddito di sostegno della famiglia.
  4. Interventi di sostegno al reddito per la sospensione del lavoro (Cig e Cigs).

## Il rimborso del mutuo

Il mutuo è un prestito di denaro e la somma prestata dalla banca deve essere rimborsata nei modi prefissati nel contratto di mutuo e il mutuatario deve corrispondere al mutuante l'interesse sul prestito. Quindi a fronte del prestito, il mutuatario dovrà rimborsare al mutuante il finanziamento nell'arco di un periodo di tempo predeterminato, stabilito al momento della sottoscrizione del contratto di mutuo. Il rimborso del mutuo in genere può avvenire in rate mensili, trimestrali o semestrali; la rateizzazione più diffusa attualmente è la quella mensile.

La rata del rimborso dei mutui viene calcolata dalla Banca secondo un piano di ammortamento che prevede:

- Il metodo di calcolo del piano di ammortamento.
- La durata del periodo di rimborso del prestito.
- La rateizzazione.
- Il tasso d'interesse applicato.
- L'eventuale indicizzazione se il tasso è variabile.
- Lo spread applicato dalla banca sul tasso di riferimento se il tasso è variabile.
- L'importo della singola rata.

## Il Rimborso Parziale

L'art. 40 del Testo Unico Bancario prevede la facoltà in capo al debitore di estinguere anticipatamente, in tutto o in parte, il proprio debito, corrispondendo alla banca un compenso risarcitorio, contrattualmente stabilito, per l'estinzione.
Va da sé, infatti, che in linea di massima la banca ha interesse a mantenere in vita il mutuo in quanto da questo percepisce un guadagno che si concretizza nel tempo e che corrisponde agli interessi applicati sulla somma prestata.

- E' quindi consentito il rimborso parziale di un mutuo e, in concreto, la somma corrisposta anticipatamente rispetto al termine prestabilito dovrà essere imputata al capitale residuo cosicché su quell'importo non potranno più essere richiesti dalla banca gli interessi.

A seguito del rimborso parziale del mutuo esistono due possibilità per la determinazione del successivo ammortamento del debito residuo. E' necessario verificare nel contratto di mutuo se sia applicabile la:

- Riduzione della durata del periodo di rimborso: la rata rimane invariata a fronte di un periodo di rimborso ridotto.
- Riduzione della rata del mutuo: la rata diminuisce in proporzione al capitale rimborsato. In quest'ultimo caso, il più frequente, è possibile effettuare un rapido calcolo per sapere, se pur in modo indicativo, quale sia l'importo della nuova rata.

Ad esempio, se è stato stipulato un contratto di mutuo il cui capitale residuo (CR) è pari ad Euro 60.000,00 e la rata mensile (RM) è di Euro 530,00 e si rimborsa anticipatamente (CRA) la soma di Euro 18.000,00, la nuova rata mensile (RMN) risulterà essere:

$$RMN = RM / CR * (CR-CRA)$$

quindi

$$RMN = 530/60.000*(60.000-18.000) = 371 \text{ Euro}$$

# Il Rimborso Anticipato

Il debitore che ha stipulato un contratto di mutuo con una banca è da sempre stato titolare del diritto di recedere anticipatamente dal contratto medesimo, facoltà quest'ultima che, con riferimento alle sue modalità di realizzazione, ha subito un'importante variazione a seguito dell'entrata in vigore della legge n. 40 del 2 aprile 2007.

Chiunque abbia stipulato un contratto di mutuo e si sia impegnato nei confronti della banca mutuante alla restituzione della somma di denaro erogata, nei tempi e con le modalità predeterminate nel c.d. ammortamento, ha la possibilità di estinguere detto debito anticipatamente rispetto alla scadenza del termine pattuito. Vero è, tuttavia, che la banca trae un profitto dall'aver prestato la somma di denaro che si concretizza nella corresponsione degli interessi i quali, pertanto, non vengono percepiti dalla stessa in un'unica soluzione ma in piccole tranche e, cioè, al pagamento di ogni singola rata.

Va da sé che l'istituto di credito, pertanto, non ha interesse a che il mutuo venga estinto in quanto in tal caso perderebbe gli interessi pattuiti. Il Testo Unico Bancario prevede, infatti, la facoltà in capo al debitore di estinguere anticipatamente, in tutto o in parte, il proprio debito, corrispondendo alla banca un compenso risarcitorio, contrattualmente stabilito, per l'estinzione. La previsione di dover pagare alla banca un compenso per l'anticipata estinzione di un debito già di per sé remunerato, inibiva ai mutuatari l'esercizio del loro diritto divenendo lo stesso eccessivamente oneroso. Nel 2007 il c.d. Decreto Bersani ha innovato l'intera disciplina introducendo la nullità di qualsiasi patto, anche posteriore alla conclusione del contratto, ivi incluse la clausole penali, con cui si convenga che il mutuatario che richieda l'estinzione anticipata totale o parziale di un contratto di mutuo per l'acquisto o per la ristrutturazione di unità immobiliari adibite ad abitazione o allo svolgimento della propria attività economica o professionale da parte di persone fisiche, sia tenuto a una determinata prestazione a favore del soggetto mutuante.

Quest'ultima fonte normativa è stata ulteriormente modificata dalla finanziaria del 2008 la quale ha esteso la predetta nullità (del patto che preveda un compenso a favore della banca nell'ipotesi di estinzione anticipata del mutuo) anche alle ipotesi di un mutuo non stipulato ex novo ma accollato a seguito del frazionamento di un mutuo edilizio. Alla luce di quanto premesso, è evidente che nei contratti di mutuo stipulati successivamente all'entrata in vigore della legge poc'anzi citata non è più prevedibile un compenso a favore della banca mutuante per l'estinzione anticipata del mutuo e per quelli, invece, stipulati antecedentemente la legge ha espressamente previsto una riconduzione a equità e cioè una riduzione delle penali variabile in base al tipo di mutuo e alla fase di ammortamento nel quale questi si trova, da calcolarsi, sempre e in ogni caso, sulla base dell'importo residuo di mutuo che si intende estinguere. Non solo, ma le novità hanno interessato anche il procedimento di cancellazione dell'ipoteca per i mutui fondiari il cui iter è stato decisamente snellito mediante la previsione della cancellazione automatica della medesima alla data di avvenuta estinzione del contratto di mutuo stipulato con soggetto esercente attività bancaria o finanziaria. Il creditore, inoltre, dovrà rilasciare al debitore quietanza attestante la data di estinzione dell'obbligazione e trasmettere al conservatore la relativa comunicazione entro trenta giorni dalla stessa data senza alcun onere per il debitore. Si badi che la disciplina del c.d. decreto Bersani è applicabile anche nell'ipotesi di estinzione parziale del mutuo.
Per i mutui spulati antecedentemente all'entrata in vigore della legge la norma ha risolto i problemi interpretativi delegando all'associazione bancaria italiana (ABI) e alle associazioni dei consumatori la determinazione delle regole idonee a ricondurre a equità i contratti di mutuo stipulati prima dell'entrata in vigore della medesima e, in particolare, la determinazione della misura massima dell'importo della penale dovuta per il caso di estinzione anticipata totale o parziale del mutuo.

A seguito dell'accordo raggiunto le misure massime delle penali di estinzione, tutte da calcolarsi sul residuo dell'importo di mutuo nell'ipotesi di estinzione totale o sulla somma anticipata nell'ipotesi di estinzione parziale, sono state così determinate:

a) Per i contratti di muto a tasso variabile, la penale soglia è pari allo 0,50%. Questa varia allo 0,20% nel terzultimo anno di ammortamento del mutuo e allo 0,00% negli ultimi due anni di ammortamento del mutuo.

b) Per i contratti di mutuo a tasso fisso stipulati antecedentemente al 1° gennaio 2001, la penale è pari allo 0,50%, allo 0,20 % nel terzultimo anno di ammortamento del mutuo e allo 0,00% negli ultimi due anni di ammortamento del mutuo.

c) Per i contratti di mutuo a tasso fisso stipulati successivamente al 31 dicembre 2000, la penale è pari al 1,90% nella prima metà del periodo di ammortamento del mutuo, al 1,50% nella seconda metà del periodo di ammortamento del mutuo, allo 0,20% nel terz'ultimo anno di ammortamento del mutuo e allo 0,00% negli ultimi due anni di ammortamento del mutuo.

d) Per i contratti di mutuo a tasso misto stipulati antecedentemente al 1° gennaio 2001, le misure massime delle penali applicabili sono individuate ai punti a) e b).

e) Per i contratti di mutuo a tasso misto stipulati successivamente al 31 dicembre 2000, per i quali la variazione della tipologia di tasso, dal fisso al variabile o viceversa, è contrattualmente prevista con cedenze periodiche inferiori o uguali ai due anni, le misure massime delle penali applicabili sono individuate secondo quanto detto al punto a) relativamente ai mutui a tasso variabile.

f) Per i contratti di mutuo a tasso misto stipulati successivamente al 31 dicembre 2000, per i quali la variazione della tipologia di tasso, dal fisso al variabile o viceversa, è contrattualmente prevista con cadenze periodiche superiori ai due anni, le misure massime delle penali applicabili sono individuate secondo quanto stabilito al punto a) ovvero al punto c) a seconda che, al momento dell'estinzione anticipata del mutuo, l'ammortamento del mutuo sia regolato rispettivamente a tasso variabile o a tasso fisso.

L'accordo raggiunto introduce di fatto delle clausole di salvaguardia per cui le penali contrattualmente pattuite e previste in misura pari o inferiore a quelle sopra indicate sono ridotte come segue:

- Nei mutui di cui alle lettere a) e b) la penale dovrà subire una diminuzione dello 0,20%.
- Nei mutui a tasso fisso di cui alla lettera c), nell'ipotesi di penale contrattualmente pattuita pari o superiore allo 1,25% (dell'importo di mutuo), questa dovrà subire una diminuzione dello 0,25%.
- Nei mutui a tasso fisso di cui alla lettera c), nell'ipotesi di penale contrattualmente pattuita inferiore al 1,25%, questa dovrà subire una diminuzione dello 0,15%.

## Accollo del mutuo

Quando si acquista un immobile di nuova costruzione viene spesso proposto l'accollo del mutuo, in precedenza aperto dall'impresa per finanziare la realizzazione dell'edificio.
Nella prassi accade, infatti, che il costruttore accende un unico mutuo edilizio per la realizzazione di più immobili iscrivendo su questi ultimi un'unica ipoteca a garanzia dell'intera somma di denaro prestata. Affinché il costruttore possa vendere ogni singola unità immobiliare sarà necessario procedere al cosiddetto frazionamento del mutuo, ovvero all'assegnazione di separate quote di mutuo a ogni singola unità immobiliare nonché all'attribuzione a ognuna di esse di una quota della relativa ipoteca. Per l'acquirente, perciò, è possibile usufruire di un ulteriore strumento economico-contrattuale chiamato accollo, con tutti i vantaggi che ne possono conseguire. L'accollo di un mutuo è un accordo bilaterale tra il venditore e l'acquirente e quest'ultimo si assume a proprio carico l'obbligo di pagare alla banca il mutuo. L'acquirente dell'immobile, mediante l'accollo, assume a proprio carico nei confronti della banca mutuante il mutuo del venditore/costruttore nei seguenti termini: se, ad esempio, il prezzo dell'immobile è di euro 130.000 e la frazione di mutuo gravante sullo stesso è pari a euro 100.000, l'acquirente corrisponderà al venditore la somma di euro 30.000 e pagherà il residuo prezzo dell'immobile accollandosi il mutuo per l'importo di euro 100.000.
E' bene soppesare quali agevolazioni derivano dall'accollo del mutuo e in particolare il vantaggio di risparmio delle spese per l'accensione e la stipula di un nuovo contratto di mutuo, valutando anche le condizioni previste in tale contratto per poter decidere se accettare l'accollo. Nelle considerazioni bisognerà anche tenere conto delle limitazioni insite nell'accollo di un debito preconfezionato: l'importo massimo utilizzabile è quello del capitale residuo, la durata non è modificabile e la tipologia di mutuo potrebbe non corrispondere a quella che si predilige. L'accollo del mutuo non richiede spese e quindi può essere

vantaggioso per chi lo contrae, perché consente di evitare le spese notarili o di istruttoria. Ricordiamo, però, che alcune banche pretendono una commissione di subentro per l'accollo, di solito pari a circa l'1% del debito residuo. Se le condizioni derivanti dall'accollo fossero meno favorevoli rispetto a un mutuo stipulato ex novo con un'altra banca, sarà possibile procedere allo svincolo ipotecario e all'apertura del nuovo mutuo.

L'accollo del mutuo si divide in due distinte tipologie:

- Cumulativo - L'accollo cumulativo è quello più diffuso in Italia. Questo tipo di accollo prevede che il contraente originario non venga liberato del tutto dagli obblighi nei confronti della banca. Così, se per qualche motivo il mutuatario contraente non riesca a onorare il debito, la responsabilità ricadrà anche sul contraente originario. Pertanto, il debito rimane legato in solido, sia a chi lo ha contratto in origine sia a chi lo ha sostituito.

- Liberatorio - Con l'accollo liberatorio, al contrario, il contraente originario deve fare espressa richiesta nel contratto che stipula con il subentrante di essere liberato da ogni responsabilità. In tale ipotesi, quindi, esse ricadono unicamente su chi è subentrato. In questo caso, però, la banca può richiedere all'accollante tutta la documentazione anagrafica e reddituale, come se si trattasse di una nuova stipula. Inoltre, non è detto che conservi le condizioni previste dal mutuo originario, ma può decidere anche di adeguarle a quelle dei nuovi mutui.

Da notare bene che un'altra distinzione di tipi di accollo va fatta anche in base a qual è la figura che assume il ruolo di accollato.

- Se si tratta di un costruttore, infatti, l'accollante può accollarsi un importo non superiore all'80% del valore dell'immobile.

- Se, invece, l'accollato è un privato, il subentrante può accollarsi tutto il debito residuo.

## Portabilità del mutuo

La portabilità del mutuo è stata introdotta dalla legge n. 40 del 2 aprile 2007 (legge che ha convertito il c.d. "Decreto Bersani"), e ben si addice ai contratti di mutuo se si legge nel tenore della norma, la quale prevede che, in caso di mutuo, apertura di credito o altri contratti di finanziamento da parte di intermediari bancari e finanziari, la non esigibilità del credito o la pattuizione di un termine a favore del creditore non preclude al debitore l'esercizio della facoltà di cui all'art. 1202 del codice civile.
La portabilità del mutuo si sostanzia nella previsione in capo al debitore mutuatario della facoltà di sostituire l'originaria banca mutuante con una nuova banca, anche senza il consenso della prima: in tal caso l'obbligo non si estingue ma muta traiettoria in quanto il creditore originario (banca) viene sostituito da un diverso creditore (diversa banca) il quale, peraltro, rimborserà la somma erogata dal primo e subentrerà gratuitamente nell'ipoteca iscritta a garanzia dell'originario credito. Nella prassi possono realizzarsi due fenomeni molto simili e nello stesso tempo differenti tra loro ed entrambi connessi al più ampio principio di portabilità del mutuo, che sono, appunto, la surroga del mutuo e la sostituzione del mutuo. In entrambi i casi si tratta di operazioni finalizzate alla modifica delle condizioni di un contratto di mutuo precedentemente stipulato, probabilmente in ragione del fatto che le condizioni di mercato vigenti al momento della conclusione del contratto che si vuole sostituire o surrogare erano meno favorevoli. La novità normativa del 2007 ha previsto, inoltre, la nullità, e cioè la sanzione più aspra prevista dall'ordinamento, di ogni patto, anche posteriore alla stipulazione del contrato, con il quale si impedisca o si renda oneroso per il debitore l'esercizio della facoltà di surroga del mutuo. La portabilità del mutuo, prevista inizialmente nel codice civile all'art. 1202 e poi rispolverata e consolidata dalla legge del 2007, si eleva oggi a un principio di carattere generale inteso cioè come quella ulteriore opportunità concessa al mutuatario che intenda, per esempio, sostituire un debito ancora

in vita per godere di un mercato più vantaggioso e concorrenziale.

La portabilità del mutuo consiste nella stipula di un nuovo contratto di mutuo per un importo pari o superiore a quello precedentemente acceso alle condizioni concordate tra il cliente e la nuova banca che, peraltro, subentra nella garanzia ipotecaria rilasciata per il mutuo stipulato con la banca precedente.

A titolo esemplificativo è possibile effettuare un rapido calcolo per comprendere, se pur in modo indicativo, quali siano gli effetti della portabilità del mutuo:

- Il Sig. Rossi contrae con la banca alfa un mutuo a tasso fisso (tasso applicato: 5,30%) per l'importo di Euro 120.000 e per la durata di anni 20. La rata mensile è di Euro 820 e la somma residua da corrispondere è pari ad Euro 80.000.

- Il Sig. Rossi, esercitando la facoltà prevista dal più ampio principio della portabilità del mutuo, può decidere di "portare" il contratto di mutuo, per l'importo residuo di Euro 80.000, alla banca beta in quanto questa applica un tasso d'interesse del 4,80%, anziché del 5,30%, con l'evidente vantaggio che ne consegue, ovvero il pagamento di una rata di importo leggermente inferiore pari a Euro 760, la quale, se distribuita per l'intero lasso temporale di mutuo, consente un risparmio notevole.

## Surroga del mutuo

La surrogazione del mutuo è disciplinata dal nostro codice civile il quale all'art. 1202 prevede la facoltà in capo al debitore di surrogare il mutuante nei diritti del creditore anche senza il consenso di questo. La norma sopra riferita si inserisce, di fatto, nel contesto definito dal più ampio principio della portabilità del contratto di mutuo come introdotto dalla legge n. 40 del 2 aprile 2007 (legge che ha convertito il c.d. "Decreto Bersani") la quale prevede che, in caso di mutuo, apertura di credito o altri contratti di finanziamento da parte di intermediari bancari e finanziari, la non esigibilità del credito o la pattuizione di un termine a favore del creditore non preclude al debitore l'esercizio della facoltà di cui all'art. 1202 del codice civile.

Non solo, ma la stessa prevede la nullità di ogni patto, anche posteriore alla stipulazione del contrato, con il quale si impedisca o si renda oneroso per il debitore l'esercizio della facoltà di surroga del mutuo, con la conseguenza che la nullità del patto si estende a tutto il contratto di mutuo.

- La surroga si risolve nella facoltà in capo al mutuatario di "portare" il mutuo stipulato con una banca a un'altra, senza oneri e senza perdere i benefici fiscali. L'atto di surroga prevede, di fatto, tre soggetti attivi e cioè la banca surrogata, quella surrogante e il debitore.

Si risolve, peraltro, in tre atti distinti e, cioè, nella stipula di un nuovo mutuo, nella formazione e rilascio di una quietanza di pagamento da parte della banca surrogata, come previsto dalla legge del 2007 sopra indicata; il creditore, inoltre, è tenuto a rilasciare al debitore quietanza attestante la data di estinzione dell'obbligazione e a trasmettere al conservatore la relativa comunicazione entro trenta giorni dalla stessa data senza alcun onere per il debitore e nell'atto di surrogazione. E' evidente, infatti, che il nuovo mutuo estinguerà il precedente e, quindi, la vecchia banca dovrà attestare l'avvenuto ricevimento della somma in pagamento dichiarando che questa deriva dal nuovo contratto di mutuo. Di fatto la surroga del mutuo è stata oggetto di diverse interpretazioni e, soprattutto, ha incontrato non pochi problemi interpretativi e applicativi, posto che comunque ogni evento che veda coinvolte banche e notai normalmente prevede dei costi. La finanziaria del 2008, al fine di favorire lo sviluppo e la competitività del mercato finanziario, dei beni e dei servizi, anche mediante la facilitazione della circolazione dei mutui ipotecari e degli immobili su cui gravano le relative ipoteche, e in considerazione delle rilevanti conseguenze per l'ampliamento delle possibilità di scelta dei consumatori, ha modificato la legge n. 40 del 2007:

- Prevedendo oltre la nullità di ogni patto, anche posteriore alla stipulazione del contratto, con il quale si impedisca o si renda oneroso per il debitore l'esercizio della facoltà di surroga del mutuo prevista dalla legge medesima, anche la possibilità del creditore originario e del debitore di pattuire la variazione, senza spese, delle condizioni del contratto di mutuo in essere, mediante scrittura privata anche non autenticata.

- Prevedendo l'effetto della surroga quale il trasferimento del contratto di mutuo esistente, alle condizioni stipulate tra il cliente e la banca subentrante, con l'esclusione di penali o di altri oneri di qualsiasi natura. I costi dell'atto notarile sono a carico della nuova banca e dipendono dalla sua eventuale decisione di richiedere nuova istruttoria con relazione ventennale. La legge finanziaria 2008 esclude che la banca "sostituita" possa imporre penali o altri oneri di qualsiasi natura. La banca "subentrante" non può imporre al cliente spese o commissioni per la concessione del nuovo mutuo, per l'istruttoria e per gli accertamenti catastali, che si svolgono secondo procedure di collaborazione interbancaria improntate a criteri di massima riduzione dei tempi, degli adempimenti e dei costi connessi.

Con la surroga, dunque, la "portabilità" del mutuo effettivamente prende forma e consistenza, consentendo così a ogni individuo l'opportunità di usufruire in piena consapevolezza delle opportunità e dei vantaggi offerti da un mercato finanziario in continua evoluzione.

## Rinegoziazione del mutuo

Il termine rinegoziazione è usualmente utilizzato con riferimento a quell'operazione mediante la quale le parti ridiscutono il contenuto dei patti cui si sono vincolati in precedenza. Realizzare questo tipo di attività quando si ha quale controparte contrattuale una banca non è un'eventualità irrealizzabile e impossibile, bensì una concreta opportunità che può essere agevolmente sfruttata dalla parte che ne ha maggiore interesse. L'equilibrio, infatti, che si è raggiunto stipulando un contratto di mutuo in un determinato tempo e con determinati requisiti, può essere mutato in ambito economico-finanziario dalle continue modificazioni delle condizioni di mercato che essendo, appunto, variabili, ben possono ledere il bilanciamento degli interessi e delle utilità che ciascuna parte, tanto più il mutuatario, ha inteso preservare.

La rinegoziazione del mutuo non deve essere confusa con la surroga o sostituzione dello stesso e, a tal proposito, se la banca non intende procedere alla rinegoziazione del mutuo, la cui natura esige il consenso anche della banca mutuante, il debitore potrebbe, allora, sfruttare la portabilità di quest'ultimo rivolgendosi a un altro istituto di credito che potrebbe, quindi, soddisfare le sue diverse esigenze economico-contrattuali.

La rinegoziazione del mutuo, tuttavia, non è stata disciplinata dalla legge del 2 aprile 2007 n. 40, bensì dalla legge Finanziaria del 2008 la quale, infatti, fa salva la possibilità del creditore e del debitore di pattuire la variazione, senza spese, delle condizioni del contratto di mutuo in essere, mediante scrittura privata anche non autenticata. Ciò significa che non è necessario l'intervento di un notaio che conferisca autenticità alle mutazione delle condizioni contrattuali, ma è sufficiente l'incontro della volontà della banca e di quella del mutuatario espresso in un documento che deve essere sottoscritto da entrambi. Non solo, ma la stessa precisa che la rinegoziazione del mutuo deve avvenire senza spese per il mutuatario e senza privare quest'ultimo delle eventuali agevolazioni fiscali.

Gli interessi coinvolti in questo tipo di attività, anche in ragione della circostanza per cui chi normalmente contrae un mutuo (che sia esso più o meno abbiente) agisce nella speranza di realizzare il più importante progetto della propria vita, ha portato alla emanazione del decreto legge n. 93 del 29 maggio 2008, "misure urgenti di carattere finanziario che incrementano il potere di acquisto delle famiglie mediante l'adozione di misure volte alla ristrutturazione dei mutui bancari, nonché al rilancio e sviluppo economico", e alla successiva definizione della Convenzione tra l'Associazione Bancaria Italiana (ABI) e il Ministero dell'Economia e delle Finanze. Detta convenzione ha fornito un quadro chiaro e trasparente in merito a quelle che sono le varie opportunità di scelta di chi ha stipulato un contratto di mutuo che sinteticamente si indicano:

- Continuare a rimborsare il mutuo a banche e intermediari secondo il piano di ammortamento in corso.
- Proporre a banche e intermediari una rinegoziazione delle condizioni del mutuo in essere, da concordare appositamente.
- Avvalersi della portabilità del mutuo.
- Ricorrere alla rinegoziazione dei mutui ai sensi dell'articolo 3 del decreto-legge n. 93 del 2008, rinegoziazione obbligatoria per banche e intermediari che hanno aderito alla convenzione.
- Avvalersi della possibilità di usufruire anche di più di una di tale opportunità, in particolare cumulando la portabilità del mutuo alla sua rinegoziazione.

Di fatto detta convenzione individua una serie di regole volte a individuare le modalità di rinegoziazione del mutuo, tra le quali:

1. Possono formare oggetto di rinegoziazione i mutui a tasso variabile e a rata variabile per tutta la durata del mutuo, stipulati o accollati, anche a seguito di frazionamento, fino a tutto il 28 maggio 2008, finalizzati all'acquisto, costruzione, ristrutturazione dell'abitazione principale ed erogati da banche e intermediari. Possono usufruire della

rinegoziazione anche i mutuatari inadempienti alla data del 28 maggio 2008 rispetto a rate pregresse del mutuo originariamente contratto, purché non sia intervenuta a tale data la risoluzione del contratto medesimo.

2. Nel caso in cui, successivamente alla rinegoziazione del mutuo, la differenza tra l'importo della rata dovuta secondo il piano di ammortamento originariamente previsto e l'importo della rata risultante dall'atto di rinegoziazione generi saldi a favore del mutuatario, tale differenza è imputata a credito del mutuatario su un "conto di finanziamento accessorio". Qualora il debito del conto accessorio risulti interamente rimborsato, a seguito degli accrediti effettuati, il rimborso del mutuo ha luogo secondo la rata variabile originariamente prevista se più favorevole per il mutuatario rispetto a quella determinata in importo fisso.

3. L'eventuale debito risultante dal conto accessorio, alla data di originaria scadenza del mutuo, è rimborsato dal cliente sulla base di rate costanti di importo uguale all'ammontare della rata risultante dalla rinegoziazione. L'ammortamento è calcolato sulla base dello stesso tasso a cui è regolato il conto accessorio. Se più favorevole per il cliente si applica il tasso contrattualmente stabilito come determinato, in misura fissa, alla data di originaria scadenza del mutuo.

4. L'estinzione anticipata del mutuo oggetto di rinegoziazione non comporta l'applicazione di penali. Non si applicano penali neanche in caso di rimborso anticipato del saldo del conto accessorio.

5. Banche e intermediari formulano la proposta di rinegoziazione alla clientela interessata la quale, scritta e datata, deve illustrare tutti gli aspetti e gli effetti dell'offerta. L'accettazione della proposta dei clienti che rinegoziano il mutuo assicura la riduzione della rata del

mutuo da corrispondere a partire quanto meno dal terzo mese successivo al mese di comunicazione dell'accettazione della proposta medesima.

6. Le garanzie già iscritte a fronte del mutuo oggetto di rinegoziazione continuano ad assistere il rimborso, secondo le modalità convenute, del debito che risulti alla data di scadenza di detto mutuo, senza il compimento di alcuna formalità al riguardo.

7. Le operazioni di rinegoziazione dei mutui e di portabilità sono esenti da imposte e tasse di qualsiasi genere. La clientela interessata non sostiene alcun costo amministrativo, ivi incluse commissioni bancarie, conseguenti alle operazioni di rinegoziazione e per tutta la durata residua del mutuo, anche sulle eventuali rate aggiuntive finali. La clientela interessata non sostiene altresì costi notarili, ove mai necessario l'intervento del notaio.

E' evidente che la rinegoziazione del mutuo costituisce un'importante opportunità per chi intende modificare le condizioni di un mutuo precedentemente contratto, ma quando questa opzione non è percorribile è possibile avvalersi della facoltà di surroga. 98

## Sostituzione del mutuo

Dobbiamo pensare al mercato economico-finanziario non come a un soggetto statico bensì come a un insieme di attività dinamiche e in continuo movimento. Si pensi, infatti, a tutti i fenomeni esterni che ne possono modificare l'andamento quali, in primo luogo, la legislazione sempre in continua evoluzione, l'andamento altalenante dei tassi d'interesse nel tempo nonché la comparsa di sempre nuovi prodotti offerti dalle banche al fine di innovare e rafforzare la propria competitività. Tutte variabili che incidono sulle scelte del consumatore che si accinge a stipulare un mutuo o ne ha già stipulato uno. Vero è che il mutuo è un contratto, cioè un accordo che vincola le parti che lo hanno stipulato e che è finalizzato alla realizzazione di interessi di carattere economico. Tuttavia, non deve mai essere dimenticato che ogni accordo sopporta delle modifiche se queste, ovviamente, incontrano la volontà di ogni parte coinvolta. Inoltre, come già citato, la legge n. 40 del 2 aprile 2007 (legge che ha convertito il c.d. "Decreto Bersani") ha stabilito il più ampio principio della portabilità del mutuo il quale si sostanzia nella previsione in capo al debitore mutuatario della facoltà di sostituire l'originaria banca mutuante con una nuova banca, anche senza il consenso della prima. Non ci si deve, tuttavia, lasciar confondere in quanto la surroga deve essere distinta dalla sostituzione del mutuo, in quanto quest'ultima è un'operazione del tutto diversa tanto per i vantaggi quanto per gli svantaggi che ne derivano.
A tal proposito, si rileva che le caratteristiche salienti dell'iter di sostituzione del mutuo sono:

- La sostituzione non è specificamente disciplinata da una normativa ad hoc, come, invece, accade per la surroga.
- Con il mutuo in sostituzione si stipula un nuovo contratto di mutuo con la stessa banca o con una diversa.
- La nuova banca impiega la somma concessa a mutuo per estinguere il debito contratto dal mutuatario con la

vecchia banca, con eventuale rischio di dover corrispondere una penale a quest'ultima secondo quanto previsto dalla vigente legislazione.

- Dovranno essere sopportati dal mutuatario tutti i costi previsti per la stipula di un contratto di mutuo in quanto sarà nuovamente espletata un'istruttoria, con conseguente raccolta di tutta la documentazione, e sarà altresì effettuata una nuova perizia immobiliare; per la stipula del nuovo contratto di mutuo sarà quindi necessario recarsi presso un notaio al fine di redigere un nuovo atto notarile.
- L'ipoteca iscritta sull'immobile a garanzia del mutuo precedentemente stipulato, e che viene sostituito con uno nuovo, sarà cancellata al fine di iscriverne una diversa a favore della nuova banca.

Alla luce di quanto sopra, è facile comprendere che per la sostituzione di un mutuo non è prevista, come, invece, per la surroga, una procedura semplificata bensì è prescritto l'onere di dover sopportare un nuovo iter di stipula del contratto di mutuo, ivi incluse le spese allo stesso connesse. Quanto premesso è la ragione per cui, nella prassi adottata dal sistema bancario, viene usualmente concessa dall'istituto di credito l'adesione alla sostituzione di un muto qualora venga richiesta la sostituzione di un mutuo unitamente alla concessione di un'ulteriore somma, rispetto a quella richiesta con il primo mutuo, da destinare a "liquidità" (come, per esempio, spese improvvise e inaspettate) o a "consolidamento di debiti pregressi". Somma quest'ultima utile al debitore che, per esempio, vuole conglobare in un unico prestito tutte le proprie posizioni debitorie così da ottenere l'importante vantaggio di avere un'unica obbligazione da soddisfare con il pagamento di un unico importo periodico.

Alcuni istituti offrono il mutuo di surroga a costo zero fino a concorrenza del capitale residuo, ed erogano un secondo mutuo di liquidità per il solo importo aggiuntivo eventualmente necessario, con costi quindi più limitati rispetto al mutuo di sostituzione erogato per l'intero importo.

**Le garanzie richieste per il mutuo**

La convenienza dei tassi d'interesse applicati ai mutui è legata alle garanzie necessarie alla sua erogazione. Gli istituti di credito, le cosiddette banche, sono degli intermediari finanziari, intesi come degli enti economici che ricevono denaro da terzi (clienti privati, imprese, istituzioni) e quindi gestiscono tali patrimoni anche mediante prestiti effettuati a terzi, dietro corresponsione degli interessi. Tra questi prestiti il mutuo è uno di quelli che sconta dei tassi d'interesse più contenuti. Il motivo principale è quello delle garanzie per ottenere il mutuo, che la banca richiede per una verifica attenta dell'effettiva possibilità di recupero, in qualsiasi caso, del proprio credito verso il mutuatario. L'obiettivo della banca nella fase istruttoria è di poter avere la massima certezza che il mutuatario sarà in grado di adempiere all'impegno di rimborsare il prestito nelle modalità previste dalla stessa banca.

Le caratteristiche reddituali del soggetto permettono di avere un quadro temporaneo della situazione patrimoniale, che può nel tempo evolvere in positivo ma anche in negativo.

Le forme di garanzia richieste da una banca per la concessione di un mutuo sono:

- L'immobile messo a garanzia.
- La garanzia ipotecaria.
- La fideiussione.
- Il Pegno.
- Le polizze assicurative.
- La centrale rischi finanziari.

# L'Immobile a garanzia del Mutuo

Se ci si appresta ad accendere un mutuo ipotecario, l'immobile è l'elemento necessario e indispensabile per ottenere questo genere di finanziamento, mentre non è altrettanto noto che l'immobile possa assumere questo ruolo procedendo al suo acquisto ma anche qualora fosse assunto esclusivamente a titolo di garanzia anche per scopi diversi dal semplice acquisto.

In tutti i casi, sia che sia l'oggetto dell'utilizzo dei fondi erogati tramite il mutuo sia che assuma invece il solo ruolo di mezzo per ottenere il prestito, l'immobile è l'unica garanzia reale che il mutuatario fornisce all'istituto mutuante per il rimborso del prestito. Avviene perciò che l'istruttoria del mutuo, che nella fase iniziale è volta ad accertare l'effettiva capacità e possibilità di rimborso del mutuo da parte dei soggetti mutuatari, prosegua poi, se l'esito è positivo, ad accertare l'effettiva sussistenza della garanzia offerta, cioè l'immobile, e il suo effettivo valore.

Per fare questo la banca si avvale di tecnici abilitati e iscritti in appositi registri, i periti, che vengono incaricati di redigere una perizia di stima dell'immobile volta ad attestare alla banca l'effettivo valore del bene offerto in garanzia e la sua regolarità.

Il valore risultante dalla perizia può differire rispetto all'effettivo prezzo pagato per l'acquisto dell'immobile, questo perché la stima deve essere prudenziale e volta non all'acquisto bensì ad attribuire all'immobile un valore certo e non aleatorio.

E' bene sapere che in genere le banche finanziano una percentuale limitata al 70-80 % del valore del bene immobile offerto in garanzia; questa percentuale è chiamata LTV - Loan To Value - e varia a seconda delle politiche di credito di ogni singolo istituto. In certi casi l'LTV può superare l'80% del valore di perizia dell'immobile per arrivare in certi casi anche al 100% mediante appropriate coperture assicurative.

La funzione di garanzia dell'immobile all'interno del contratto di mutuo si concretizzerà quando il debitore divenga inadempiente e non rimborsi la somma prestata, nel qual caso la banca potrà procedere al recupero coattivo del proprio credito (capitale corrisposto con il mutuo, interessi e spese accessorie) attraverso l'esecuzione immobiliare.

# L'ipoteca sulla casa

Tra le garanzie richieste dalla banca per l'erogazione del mutuo la più importante e indispensabile è l'ipoteca sulla casa.

L'ipoteca è un diritto reale di garanzia e, per espressa previsione di legge, ha per oggetto beni immobili con le loro pertinenze, beni mobili registrati, le rendite dello stato, il diritto di usufrutto su beni immobili, il diritto di superficie, la nuda proprietà, il diritto dell'enfiteuta e il diritto del concedente sul fondo enfiteutico. L'ipoteca generalmente utilizzata per i mutui è l'ipoteca costituita su beni immobili e relativi diritti, che si costituisce mediante l'iscrizione sugli appositi registri immobiliari tenuti dall'Agenzia del Territorio, servizio di Pubblicità Immobiliare (la Conservatoria).

Nel caso dei mutui è definita ipoteca volontaria e può essere iscritta su beni di proprietà del mutuatario o anche su beni di terzi, con il loro consenso. L'ipoteca garantisce il creditore anche nel caso il bene sia ceduto a terzi e mantiene la sua funzione anche nel caso fossero successivamente iscritte ulteriori ipoteche, sulle quali resterà comunque privilegiata.

L'ipoteca, come sopra detto, è un diritto di garanzia reale, che pone il creditore in una posizione di sicuro vantaggio consentendogli di avvalersi del bene ipotecato, tramite apposita procedura esecutiva, per soddisfare il proprio credito nel caso di inadempienza del mutuatario. Da quanto premesso si comprende la ragione per cui nella fase istruttoria antecedente alla stipula del contratto di mutuo fondiario viene espletata la perizia sul bene immobile: il suo valore deve garantire la banca in caso di mancato adempimento del mutuatario, la quale, pertanto, dovrà recuperare dall'espropriazione forzata del bene ipotecato non solo l'integrale somma prestata ma anche le spese e gli interessi maturati. Nella prassi, quindi, il mutuatario, contestualmente alla stipula di un contratto di mutuo (per esempio per l'acquisto della prima casa) concede a favore della banca mutuante l'ipoteca sull'immobile e quest'ultima potrà, in caso di mancato pagamento delle rate, recuperare il credito.

La legge n. 40 del 2 aprile 2007 (legge di conversione del "Decreto Bersani") ha introdotto, tra le tante, un'importante novità: estinto integralmente il proprio credito la banca rilascerà al mutuatario la quietanza di avvenuto pagamento e trasmetterà all'Agenzia del Territorio la comunicazione di avvenuta estinzione cosicché quest'ultima provvederà, automaticamente e senza spese per il (ex) mutuatario, a cancellare l'ipoteca iscritta sul bene.

## La fideiussione

L'istruttoria di un mutuo prevede la valutazione da parte dell'istituto mutuante delle capacità di rimborso del mutuo richiesto. Può accadere che a fronte della richiesta di un mutuo la banca si renda disponibile all'erogazione purché siano fornite delle garanzie aggiuntive. Accade quindi che la banca, a fronte di una richiesta di mutuo, ritenga opportuno, pur in presenza dei requisiti di solvibilità del richiedente, di richiedere una garanzia ulteriore rispetto a quelle ordinarie (ipoteca, pegno) quale, appunto, la fideiussione. La fideiussione è un contratto mediante il quale il fideiussore, cosiddetto garante, si obbliga personalmente con il creditore a garantire l'adempimento della prestazione di un terzo.

E' bene considerare che il garante non è una figura accessoria che si inserisce nel rapporto contrattuale con la banca quale soggetto marginale. Il fideiussore, infatti, fornisce una garanzia personale e, pertanto, nell'ipotesi di inadempimento del debitore mutuante la banca può soddisfarsi su tutto il suo patrimonio. La fideiussione ha natura accessoria con la conseguenza che questa non può eccedere ciò che è dovuto dal debitore mutuatario e, inoltre, che non è valida se non è valida l'obbligazione principale (debitore mutuatario-banca mutuante).

Naturalmente la banca mutuante accetterà quale garanzia per il mutuo erogato non un fideiussore qualsiasi bensì un soggetto che abbia la potenzialità economica necessaria o, perlomeno, sufficiente a garantire la banca con particolare riguardo al suo reddito oppure al suo patrimonio immobiliare.

# Il pegno

Anche se l'ipoteca è la forma di garanzia più conosciuta, in verità non è detto che sia l'unico strumento mediante il quale la banca può garantire il proprio credito. Sono, infatti, cause legittime di prelazione e cioè di preferenza di soddisfacimento del credito nell'ipotesi di vendita all'asta, i privilegi, l'ipoteca e il pegno. Il pegno è un diritto reale di garanzia e può essere costituito su beni mobili non registrati, crediti, universalità di mobili e altri diritti reali mobiliari. Il pegno conferisce al titolare la prelazione o, per meglio dire, la preferenza nel soddisfacimento del proprio credito nell'ipotesi di inadempimento del debitore. E' evidente, quindi, che qualora un creditore innesti un procedura esecutiva, che si conclude con la vendita all'asta del bene e con l'assegnazione del ricavato ai creditori, può accadere che nella medesima partecipino più creditori con diritti di credito aventi natura diversa.

Il pegno, al pari dell'ipoteca, conferisce al titolare il vantaggio di potersi soddisfare con preferenza sul ricavato della vendita all'asta del bene con la conseguenza che questo verrà ripartito in modo tale da soddisfare in primo luogo il titolare di un diritto di garanzia e solo con il residuo gli altri creditori. Quanto premesso giustifica la necessità che il pegno sia costituito mediante atto scritto; ben si comprende che sarebbe inaccettabile invocare in sede di espropriazione forzata nei confronti di altri creditori un diritto fondato su di un accordo orale. Pertanto, è necessario che il pegno sia costituito mediante atto scritto avente data certa, che in quest'ultima vengano indicati sia il credito garantito nel suo esatto ammontare sia il bene dato in pegno. Requisito fondamentale del pegno è, inoltre, la necessità che il bene concesso in garanzia sia consegnato al creditore o a un terzo che ne abbia la custodia. Il creditore al quale venga consegnato il bene dato in pegno ha diritto di trattenerlo ma non può utilizzarlo e ha, invece, l'obbligo di custodirlo. Solo con tutti i requisiti sopra elencati il pegno sarà regolarmente costituito e il creditore avrà il diritto di essere preferito in sede di procedura esecutiva.

# Le polizze assicurative casa

L'assicurazione casa in alcune circostanze può essere obbligatoria per legge. E' bene ricordare sin d'ora che il tempo pattuito per il rimborso della somma prestata si protrae per diversi anni e, pertanto, disparati e imprevedibili eventi potrebbero far venir meno l'idoneità del bene a fungere da garanzia. Il premio assicurativo è solitamente modesto (anche nel caso la banca richiedesse il pagamento in un'unica soluzione, definito "premio unico anticipato") e il relativo vincolo dovrà essere naturalmente istituito a favore dell'istituto mutuante. Altra polizza assicurativa collegata alla stipula di un mutuo è la polizza vita mediante la quale la banca è tutelata nell'ipotesi di decesso del mutuatario; è pur vero che gli eventuali eredi subentrando nella proprietà potranno comunque proseguire nel rimborso del mutuo, ma una polizza vita si risolve con una immediata soddisfazione del credito della banca che costituisce a tutti gli effetti una garanzia aggiuntiva del rimborso del prestito. In molti casi può anche essere sottoscritta la polizza da perdita di impiego, ovvero quell'assicurazione il cui vincolo viene posto a favore della banca e che garantisce quest'ultima nell'ipotesi in cui il mutuatario, lavoratore dipendente a tempo indeterminato, dovesse perdere l'unica fonte di reddito, ovvero la propria capacità di rimborso del mutuo. Generalmente quest'ultima soluzione prevede che la compagnia assicurativa provveda al pagamento della rata di mutuo se il mutuatario perdesse il lavoro; la garanzia opera per un limitato periodo di tempo, necessario affinché quest'ultimo riesca a trovare un nuovo impiego. Questa copertura assicurativa può essere ottenuta nell'ipotesi di lavoratore a tempo indeterminato ed è, inoltre, operativa qualora la perdita di lavoro non sia determinata da cause imputabili a quest'ultimo (licenziamento per giusta causa o dimissioni) perché in tal caso tutti potremmo non lavorare e vederci pagare anche un mutuo. Altri tipi di polizze assicurative si rendono poi necessarie nei casi di stipula di particolari tipologie di mutui, ad esempio nei mutui che superano l'80% del valore dell'immobile e per i mutui con CAP.

Nell'ipotesi di mutuo concesso per un importo eccedente l'80% del valore dell'immobile, oltre all'ipoteca la banca mutuante chiederà ulteriori garanzie quale, per esempio, la polizza fideiussoria assicurativa. Con detta polizza il fideiussore, cioè la compagnia di assicurazioni, generalmente convenzionata con la banca, si impegna a corrispondere all'istituto di credito la somma assicurata nell'ipotesi di inadempimento del mutuatario.

L'ammontare del premio e le modalità di corresponsione variano in base alle politiche di ogni singola banca e in genere si concretizza con un aumento dello spread applicato al mutuo di 0,2-0,4 punti percentuali.

Anche per i mutui Capped Rate (mutui con CAP) è necessaria una polizza assicurativa, che garantisce il mutuatario da aumenti della rata oltre una determinata soglia, nel qual caso interviene l'assicurazione a coprirne la differenza. Anche in questo caso la garanzia comporta un contenuto aumento della rata.

Naturalmente deve sempre tenersi fermo un principio fondamentale e cioè quello per cui ogni mutuo ha le proprie peculiarità e ogni banca ha le proprie politiche di credito. Va da sé, pertanto, che non possono essere individuati dei parametri certi e specifici tali da poter valere per tutte le richieste di mutuo. È evidente che nonostante le polizze siano richieste a garanzia dei crediti detenuti dagli istituti finanziari, siano anche un importante strumento di tutela economica per il mutuatario che, in caso di sinistro, potrà comunque far fronte agli impegni presi nei confronti della banca senza dover sopportare forti e imprevedibili esborsi patrimoniali.

## La Centrale Rischi Finanziari

Gli istituti bancari nella fase istruttoria di un mutuo realizzano un attento controllo della capacità economica del richiedente al fine di tutelarsi dal rischio che quest'ultimo risulti in seguito incapace di rimborsare la somma prestata. Una parte di detto controllo si realizza mediante la consultazione delle banche dati di società appositamente istituite per raccogliere informazioni sulla storia finanziaria di ogni singolo cliente attraverso le comunicazioni trasmesse dalle banche medesime.

La Centrale Rischi Finanziari (CRIF), è una società specializzata nei sistemi di informazioni creditizie, di business information e di supporto decisionale e offre a banche, società finanziarie, confidi, assicurazioni, utilities e imprese un supporto qualificato per la gestione del rischio e per il marketing. La Centrale Rischi Finanziari raccoglie, quindi, tutte le informazioni che le banche trasmettono relative ai singoli clienti fra le quali, per esempio, le richieste di prestiti inoltrate e non ancora evase, quelli erogati, le rate non pagate e i relativi importi nonché eventuali morosità gravanti in capo al cliente.

Ogni volta, pertanto, che si chiede un mutuo la banca automaticamente interrogherà la Centrale Rischi Finanziari così da poter venire a conoscenza delle abitudini del richiedente e, cioè, se questi è regolare nei pagamenti e se è affidabile nel mantenimento degli impegni assunti. Di fatto, la segnalazione nella Centrale Rischi Finanziari può essere un serio ostacolo per l'ottenimento del mutuo; tuttavia le segnalazioni non vengono conservate all'infinito ma incontrano dei determinati limiti di tempo quali:

- 1 mese nell'ipotesi di rifiuto di un finanziamento.
- 6 mesi per le richieste di finanziamento in fase di istruttoria.
- 12 mesi dalla regolarizzazione nell'ipotesi di ritardo inferiore a due mesi nel pagamento della rata e relativi al massimo a due sole rate.

- 24 mesi dalla regolarizzazione nell'ipotesi di ritardo superiore a due mesi nel pagamento della rata.
- 36 mesi, nell'ipotesi di morosità non sanate, calcolati dalla scadenza del rapporto.

Quando si richiede un prestito è bene conoscere attraverso l'informativa consegnata dall'istituto di credito a quale sistema informativo verranno rilasciate le informazioni cosicché, nell'ipotesi di errori o qualora un'eventuale segnalazione permanga anche dopo il tempo previsto, potrà essere richiesto al sistema la cancellazione.

## La domanda di mutuo

Di fronte all'esigenza di un prestito è fondamentale sapere chi può ottenere un mutuo. Per ottenere un mutuo è necessario affrontare l'iter proprio di ogni singola banca mediante il quale questa valuterà diversi aspetti sia di natura anagrafica sia di natura prettamente patrimoniale, finalizzati a verificare la posizione economica del richiedente e prevedere la capacità di quest'ultimo di rimborsare la somma prestata nonché l'idoneità delle garanzie dal medesimo offerte. I requisiti anagrafici per ottenere un mutuo sono dettati sia dalle leggi sia dalle soggettive scelte operate da ogni singolo istituto mutuante.

È bene sapere che può essere richiesto un mutuo da coloro i quali al momento della domanda abbiano raggiunto la maggiore età, perciò di età minima di anni 18, e da chi al momento del pagamento dell'ultima rata di rimborso raggiungerà un'età massima, indicativamente, di anni 80, età variabile a discrezione dei singoli istituti bancari ma mai superiore ad anni 85.

Possono, inoltre ottenere un mutuo coloro i quali sono:

- Cittadini italiani con residenza in Italia.
- Cittadini di stati membri dell'Unione Europea residenti in Italia.
- Cittadini stranieri (non UE) stabilmente residenti in Italia generalmente da almeno 36 mesi.

L'attenzione viene anche posta su quelli che possono essere definiti come "requisiti patrimoniali" per ottenere un mutuo, cioè quelli che attengono al reddito del richiedente con particolare attenzione al tipo di attività lavorativa e alla retribuzione. Così, per esempio, possono richiedere un mutuo:

- Lavoratori dipendenti a tempo indeterminato.
- Lavoratori autonomi.
- Lavoratori a tempo determinato o atipico (a determinate condizioni).
- Casalinghe.

- Pensionati.

Naturalmente detti soggetti possono ottenere un mutuo in quanto in possesso dei requisiti minimi richiesti dalla maggioranza degli istituti di credito; l'istruttoria che segue a ogni singola domanda di mutuo andrà poi a valutare caso per caso tanti e ulteriori elementi che andranno a formare un quadro più complesso nel quale entrano in gioco aspetti economici, valori, garanzie, attestazioni e certificazioni che solo al termine del processo di analisi daranno la certezza, con la delibera favorevole, dell'ottenimento del prestito. La domanda di mutuo è l'inizio dell'iter istruttorio che porterà alla delibera finale. Il mutuo non è solo un contratto, è un impegno che viene assunto verso la banca per un lungo periodo, durante il quale si deve adempiere all'obbligo di rimborsare il prestito attraverso il pagamento della rata. Tutto l'iter che ogni singolo istituto di credito predispone per valutare la capacità economico-patrimoniale del richiedente ha inizio con la domanda di mutuo la quale si sostanzia nella prassi in un modulo predisposto dalla banca nel quale verranno inseriti una serie di dati relativi al richiedente nonché al tipo di mutuo richiesto e in particolare:

1. Dati anagrafici identificativi: nome, cognome, data e luogo di nascita, codice fiscale, residenza, indicazioni relative al documento d'identità.
2. Stato civile e dati familiari.
3. Certificato storico di residenza per cittadini stranieri.
4. Estratto per riassunto dell'atto di matrimonio.
5. Eventuale separazione omologata comprensiva delle condizioni di mantenimento, oppure sentenza di divorzio comprensiva delle condizioni di mantenimento.
6. Permesso di soggiorno in corso di validità per stranieri.
7. Occupazione, professione, dati reddituali.
8. Se viene offerto un immobile in garanzia, ubicazione, descrizione, autorizzazioni o permessi amministrativi, eventuali gravami.
9. Importo di mutuo richiesto, tasso d'interesse, modalità di rimborso e finalità della richiesta medesima.

La domanda di mutuo dovrà essere corredata da una serie di documenti:

- Certificati anagrafici: documento d'identità, codice fiscale, residenza e stato civile; nel caso di cittadini extracomunitari, il permesso di soggiorno.
- Dichiarazione del datore di lavoro: per il lavoratore dipendente attestante l'anzianità e le caratteristiche del rapporto lavorativo oltre le buste paga (generalmente relative ai sei mesi antecedenti alla richiesta del mutuo), modello CUD relativo all'anno corrente e all'anno precedente, estratto conto bancario ufficiale relativo ai sei mesi antecedenti alla richiesta di mutuo.
- Se lavoratore autonomo, il certificato di attribuzione della Partita Iva e codice fiscale, una visura aggiornata della società, il modello unico dell'amministratore e dei soci della società, un bilancio aggiornato, l'estratto conto bancario relativo ai sei mesi antecedenti la richiesta di mutuo.

Naturalmente ogni richiesta di mutuo varia a seconda del soggetto che ha necessità di ottenere il prestito e ai suoi requisiti personali. I documenti personali di fatto comprovano quanto viene dichiarato dal richiedente nella domanda di mutuo, ad esempio se si è dichiarato di essere cittadini italiani residenti in Italia e separati dovranno essere consegnati il certificato di nascita e di residenza correlati dalla separazione omologata. Se, invece, si è cittadini stranieri sono necessari alcuni documenti personali aggiuntivi, cioè il passaporto e il permesso di soggiorno in corso di validità. Si comprende perciò che la documentazione personale da produrre varia in base alle soggettive peculiarità dei soggetti richiedenti e che tali documenti personali sono richiesti per certificare i dati anagrafici, familiari e di stato civile dei richiedenti.
Per l'apertura di un mutuo sono richiesti i documenti attestanti il reddito dei richiedenti. Insieme alla domanda di mutuo sarà necessario fornire delle informazioni personali anche relative

alle proprie capacità reddituali, le quali dovranno essere comprovate dai documenti attestanti tale reddito.
I documenti attestanti il reddito che dovranno essere forniti sono:

1. **Per i lavoratori dipendenti**
   - Dichiarazione del datore di lavoro attestante la durata del rapporto lavorativo e le sue caratteristiche.
   - Buste paga, generalmente relative ai sei mesi antecedenti la richiesta di mutuo.
   - Ultimo modello CUD disponibile.
   - Modello 730.

2. **Per i lavoratori a tempo determinato**
   - Dichiarazione del datore di lavoro attestante la durata del rapporto lavorativo e le sue caratteristiche.
   - Buste paga.
   - Contratto di lavoro.
   - Ultimo modello CUD disponibile.
   - Modello 730.

3. **Collaboratori domestici**
   - Contratto di lavoro.
   - Ricevute/quietanze dei versamenti contributi "INPS" trimestrali.
   - Certificazione sostitutiva dei compensi.

4. **Per pensionati**
   - Libretto pensione o Modello OBIS - M o CUD pensione.

5. **Per lavoratori autonomi**
   - Modello Unico ultimi due esercizi.
   - Ricevute modelli F24.
   - Situazione economico-patrimoniale dell'esercizio in corso.
   - Visura CCIAA aggiornata.

- Certificato di attribuzione della Partita IVA.
- In caso di professionisti, l'attestazione di iscrizione all'albo di appartenenza.

I documenti attestanti il reddito sopra elencati, descrivendo il reddito del soggetto richiedente, consentono alla banca di operare una prima valutazione in merito alla capacità economica del futuro mutuatario. Va da sé che se il richiedente ha una posizione lavorativa stabile o un reddito elevato il mutuo sarà concesso con maggior facilità, mentre nel caso contrario l'istituto di credito potrà accogliere favorevolmente la garanzia di un terzo garante. La banca, discrezionalmente, potrà richiedere ulteriore documentazione sempre di natura patrimoniale e reddituale come ad esempio:

1. Estratto conto corrente bancario generalmente relativa alla movimentazione di alcuni mesi antecedenti alla richiesta di mutuo e corredato, se necessario, dalla lista movimenti.
2. Contratto di locazione con le relative quietanze di pagamento versate o ricevute.
3. Informazioni su finanziamenti in corso ed eventuali conteggi di anticipata estinzione, nell'ipotesi in cui il mutuo abbia la finalità di consolidare i debiti.

Naturalmente, come già evidenziato, i documenti attestanti il reddito richiesti possono variare a seconda delle caratteristiche reddituali dei soggetti richiedenti il prestito e ai loro requisiti personali.

## Il parere di fattibilità

Il parere di fattibilità rappresenta la conclusione della prima fase dell'istruttoria del mutuo. Il parere di fattibilità è una valutazione preventiva mediante la quale la banca esamina le caratteristiche del richiedente e il possesso di quest'ultimo dei requisiti minimi per accedere al credito in assenza dei quali non avrebbe alcun senso operare ulteriori considerazioni. La banca soprattutto, nell'istruttoria volta a rilasciare un parere di fattibilità, valuta di caso in caso e in base alle proprie politiche commerciali la prevedibile capacità di rimborso del richiedente prestando, in tal senso, particolare attenzione alle condizioni reddituali del medesimo. Viene considerato anzitutto il rapporto rata/reddito; questo parametro, espresso in percentuale, è usualmente impiegato dalle banche e deve essere contenuto in un limite che generalmente varia tra il 30% e il 40%. Così, se si richiede un mutuo la cui rata mensile ammonta a euro 750 e il proprio reddito è pari a 2.000 euro, il rapporto rata/reddito sarà pari al 37%. In questa ipotesi, se la banca prevede un limite massimo del 30%, egli otterrà un parere di fattibilità negativo.

Altra tipica valutazione operata dagli istituti di credito, non alternativa ma ulteriore rispetto al rapporto rata/reddito, è la sussistenza e cioè un importo minimo sul quale ogni nucleo famigliare deve poter contare per il soddisfacimento delle proprie esigenze e del quale, pertanto, non può fare a meno.

Così, per esempio, la banca per rilasciare il parere di fattibilità valuterà la soglia minima di sussistenza propria del richiedente calcolandola in base a dei criteri predeterminati.

Si pensi, ad esempio, al caso di una coppia con due figli che richiede un mutuo la cui rata mensile ammonta a euro 600, il reddito complessivo mensile è di euro 2.800 e hanno un finanziamento in corso contratto per l'acquisto dell'automobile di euro 450 mensili. Se la banca prevede un livello minimo di sussistenza di euro 800, per calcolare se il richiedente rientra in detto parametro dovranno essere sottratti dal reddito la sussistenza, gli altri impegni finanziari e un importo fisso per il primo richiedente e un altro per ogni componente il nucleo famigliare, variabile da banca a banca. Il residuo di detto calcolo numerico deve essere uguale o superiore rispetto all'importo della rata di mutuo.

**Esempio**

Euro 2.800 (reddito) - euro 450 (finanziamento) - euro 800 (sussistenza per il 1° richiedente) - euro 750 (euro 250 per il 2° richiedente più i due figli) = euro 800.
Detto importo deve essere uguale o superiore all'ammontare della rata del mutuo che, nell'esempio proposto, è pari a euro 600. In questo caso, pertanto, se anche tutti gli altri requisiti sono soddisfatti, la banca darà un parere di fattibilità positivo.
Tutto quanto premesso consente di comprendere come, di fatto, il parere di fattibilità si sostanzia in una valutazione operata dalla banca mediante la quale, quest'ultima, cerca sin dall'inizio di prevedere la potenzialità economico-patrimoniale del futuro mutuatario e, conseguentemente, la capacità di rimborso del medesimo. È importante rilevare che il parere di fattibilità è di fatto un giudizio preventivo che viene anticipato dalla banca, al quale segue un iter istruttorio più approfondito nel quale viene vagliata tutta la documentazione necessaria per arrivare alla fase successiva, cioè alla delibera del mutuo.

## La perizia immobiliare

La perizia è lo strumento che consente alla banca di sapere se la garanzia offerta è adeguata a tutelare e garantire il rimborso del mutuo anche nel caso di inadempienza nel rimborso La banca, infatti, prima di procedere all'erogazione di un mutuo, richiede l'espletamento di una serie di indagini preventive finalizzate ad accertare tanto la capacità economica del richiedente quanto il valore economico-commerciale del bene che si intende porre a garanzia del mutuo. L'istituto di credito, pertanto, procederà alla nomina di un perito il quale provvederà a visionare l'immobile e a determinarne il valore.

In ogni caso dovrà essere fornita alla banca la necessaria documentazione relativa ai beni posti a garanzia e cioè:

1. Atto di provenienza dell'immobile (se si tratta di compravendita il relativo atto notarile, se di successione la relativa denuncia di successione corredata dal precedente atto di trasferimento della proprietà).
2. Schede catastali, le quali consentono di identificare con certezza l'immobile per il cui acquisto si richiede il mutuo.
3. Visure catastali.
4. Preventivi di ristrutturazione, se si richiede il prestito anche per ristrutturarlo.
5. Eventuali D.I.A., concessioni edilizie o permesso di costruire che attestino la regolarità della costruzione.

Il tecnico incaricato, pertanto, sulla base della documentazione fornita provvederà a predisporre la perizia la quale, di fatto, ha lo scopo di determinare il valore commerciale dell'immobile.

Va da sé che la banca sulla base dell'esito della perizia potrà valutare se l'immobile medesimo sarà in grado di garantire il suo credito. E' agevole, infatti, comprendere che la banca, qualora il debitore non rimborsi la somma prestata, dovrà procedere al recupero coattivo del proprio credito (capitale corrisposto con il mutuo, interessi e spese accessorie) rivalendosi sull'immobile e le probabilità della banca di recuperare il proprio credito sono direttamente proporzionali al valore commerciale dell'immobile.

Naturalmente il ruolo della perizia cambia se si tratta di costruzione o ristrutturazione di un immobile in quanto in dette ipotesi cambia l'intero iter previsto dalla banca. Il valore dell'immobile non ancora costruito o da ristrutturare varia in funziona dell'avanzamento delle opere edilizie e la somma richiesta non verrà erogata in una unica soluzione. Il perito, pertanto, dovrà effettuare una serie di sopralluoghi e redigere diverse perizie: la somma richiesta verrà erogata in base all'avanzamento dei lavori (di ristrutturazione o di costruzione) e al conseguente aumentare del valore globale dell'immobile. Tornando all'iter necessario all'ottenimento del mutuo, la perizia verrà effettuata solo successivamente all'ottenimento del positivo parere di fattibilità, quindi dopo la verifica che il richiedente sia in possesso dei requisiti minimi soggettivi e patrimoniali, la perizia consentirà quindi alla banca di completare la sua analisi e di terminare la fase istruttoria.

## La delibera del mutuo

Abbiamo visto come la banca, raccolti i documenti necessari e valutato il merito creditizio del richiedente, in primo luogo fornirà un parere di fattibilità (non vincolante) in seguito al quale, se l'esito è positivo, nominerà un perito affinché questi determini il valore commerciale del bene immobile posto a garanzia della somma richiesta in prestito. Se dall'esito della perizia l'immobile risulterà avere un valore commerciale idoneo a garantire la banca e, naturalmente, qualora non siano richiesti ulteriori documentazioni, la banca potrà pronunciarsi definitivamente sulla concessione della somma di denaro.
La decisione conclusiva dell'istituto di credito che presuppone l'erogazione della somma viene usualmente definita "delibera del mutuo". La delibera del muto rappresenta la decisione definitiva dell'istituto di credito con la quale questi si impegna alla stipulazione del contratto di mutuo.
Naturalmente la delibera rappresenta una decisione a sé stante e cioè una dichiarazione mediante la quale la banca accorda la concessione del prestito a determinate condizioni, quali una somma di denaro da restituirsi in un determinato tempo con determinate modalità di rimborso e uno specifico tasso d'interesse. Ciò significa che, nella maggior parte dei casi, la delibera del mutuo vincola la banca, per sua espressa indicazione, per un determinato periodo di tempo, generalmente tra i tre e i sei mesi. E' bene, pertanto, prestare particolare attenzione alla circostanza sopra riferita in quanto nell'ipotesi in cui detto termine dovesse decorrere senza che si giunga alla stipula dell'atto formale non sarà possibile rinnovare la delibera del mutuo ma dovrà essere riproposta una nuova domanda di mutuo che dovrà ripercorrere tutto l'iter istruttorio. Detta evenienza, oltre a causare un'evidente perdita di tempo, può sortire altre conseguenze.
Può accadere, infatti, che nel frattempo la banca abbia modificato le sue politiche di credito così variando le condizioni contrattuali accessibili al cliente, oppure potrebbero cambiare le

caratteristiche proprie del richiedente (la diminuzione del reddito, l'aumento del numero dei componenti il nucleo famigliare) così modificando la possibilità di ottenimento del prestito. Da quanto premesso, pertanto, è agevole comprendere come di fatto sia opportuno stipulare il contratto di mutuo prima che la delibera della banca perda di efficacia.

## Notaio e Rogito notarile

L'incarico al Notaio attiva tutto l'iter necessario per l'erogazione del mutuo. L'incarico al notaio è l'inizio di questa nuova fase che porterà alla stipula del contratto di mutuo e quindi all'erogazione del prestito. La figura del Notaio assume ora il ruolo principale, perché è il Notaio incaricato che, mediante i controlli che andrà a effettuare, attesterà all'istituto mutuante che la garanzia è adeguata allo scopo e che non vi sono impedimenti a che la successiva iscrizione dell'ipoteca risulti essere prima in grado e quindi possa tutelare il capitale impiegato dal rischio di insolvenze.

Il notaio prescelto, apprese le necessarie informazioni, provvederà alla redazione della relazione preliminare notarile la quale consiste nella descrizione formale e dettagliata dell'immobile e l'accertamento mediante visure e verifiche presso la Conservatoria dei Registri Immobiliari della situazione inerente l'esistenza di eventuali iscrizioni e trascrizioni pregiudizievoli sul bene posto a garanzia del mutuo. Se la relazione notarile non presenta problematiche l'istituto di credito provvederà alla redazione e invio al notaio di una bozza di contratto di mutuo, la cosiddetta minuta, e acconsentirà alla stipula del medesimo.

L'incarico al notaio si sostanzia, quindi, nella designazione di un professionista il quale dovrà redigere l'atto formale nonché operare le necessarie verifiche necessarie a tutelare la banca. Da quanto premesso è agevole comprendere come di fatto l'incarico al notaio e il ruolo da quest'ultimo assunto è di rilevante importanza, tanto più che il codice civile prevede espressamente che devono farsi per atto pubblico, fra i tanti, i contratti che trasferiscono la proprietà di beni immobili dove, per atto pubblico si intende, appunto, il documento redatto da un notaio o da altro pubblico ufficiale autorizzato ad attribuirgli pubblica fede. L'incarico al notaio è, quindi, il primo passo che porterà alla stipula degli atti formali necessari all'erogazione della somma richiesta in prestito.

## La relazione preliminare notarile

La relazione preliminare notarile assume un ruolo fondamentale nell'iter finalizzato alla stipulazione del contratto di mutuo in quanto, di fatto, riassume tutti i principi che corredano l'intero iter. La relazione preliminare notarile, infatti, viene predisposta dal notaio incaricato e da quest'ultimo inviata alla banca la quale, a sua volta, ha tutto l'interesse a verificarne il contenuto.
La relazione preliminare notarile descrive dettagliatamente:
1. L'immobile, indicando i riferimenti catastali cosicché non insorgano incertezze in merito all'identificazione del bene posto a garanzia del mutuo, alla sua ubicazione e, soprattutto, che questi coincida con quello che è stato oggetto di perizia da parte del tecnico incaricato dalla banca.
2. I proprietari e la loro precisa identificazione.
3. La "storia" ventennale dell'immobile e, più precisamente, la descrizione dettagliata di tutti i trasferimenti di proprietà dei quali è stato oggetto nei venti anni antecedenti la stipula dell'atto notarile.
4. Eventuali iscrizioni e trascrizioni gravanti sull'immobile.

La relazione preliminare notarile, pertanto, è l'atto con il quale il Notaio incaricato identifica l'immobile e attesta in modo trasparente a chi è in capo la proprietà e che l'immobile sul quale la banca iscriverà l'ipoteca a garanzia della somma erogata non è gravato da eventuali trascrizioni pregiudizievoli.
Quest'ultimo contenuto è fondamentale per le ragioni specifiche sottese all'interesse proprio della banca di recuperare, in caso di insolvenza, la somma prestata.

**L'erogazione del mutuo**

Proposta formalmente la richiesta di mutuo ed espletata con esito positivo l'istruttoria, comprensiva della raccolta dei necessari documenti e della perizia immobiliare, finalmente si potrà passare alla fase conclusiva: l'erogazione del mutuo richiesto. Dal lato pratico l'erogazione del mutuo può avvenire con modalità differenti a seconda delle singolari scelte proprie di ogni istituto di credito, in base alle quali quest'ultimo preferisce erogare la somma contestualmente alla sottoscrizione dell'atto notarile (erogazione contestuale) o successivamente all'avvenuta iscrizione e consolidamento dell'ipoteca (erogazione differita).
Le modalità usualmente utilizzate dagli istituti bancari per l'erogazione del mutuo sono:
- L'erogazione contestuale.
- L'erogazione differita.
- Il contratto condizionato e l'atto di quietanza.
- Il prefinanziamento.
- L'erogazione S.A.L.

Oggi è prassi comune che l'erogazione sia contestuale, ciò nonostante non bisogna pensare che questa sia una regola valida in assoluto ed è bene sapere quali vantaggi e svantaggi possono comportare tali differenti modalità di erogazione del finanziamento.

## L'erogazione contestuale del mutuo

L'erogazione contestuale alla firma del contratto è oggi la prassi più diffusa. L'erogazione contestuale del mutuo, consuetudine attualmente più diffusa, è anche quella più gradita dalla parte venditrice nei casi di mutui finalizzati all'acquisto di un immobile. Questo perché l'erogazione contestuale del mutuo consente al mutuatario di poter acquistare l'immobile ed effettuare il saldo del prezzo pattuito per la vendita contemporaneamente alla firma del rogito notarile, come è di prassi. Nell'ipotesi di erogazione contestuale, perciò, la banca predisporrà per il giorno dell'atto gli strumenti (assegni circolari) affinché il soggetto destinatario della somma di denaro ne possa acquisire l'immediata disponibilità.

L'erogazione contestuale del mutuo può avvenire sia per regolamentazione contrattuale, qualora sia prevista e disciplinata nel contratto di mutuo, sia attraverso lo strumento del prefinanziamento al quale è necessario ricorrere se l'erogazione contestuale non è prevista nel contratto di mutuo.

## L'erogazione differita del mutuo

Un tempo l'erogazione differita era la regola, oggi non più.
L'erogazione del mutuo può avvenire con modalità differenti a seconda delle soggettive scelte operate dall'istituto di credito, delle caratteristiche e tipologie del mutuo richiesto e dello stato dell'immobile offerto a garanzia. Nell'ipotesi di erogazione contestuale la banca provvederà a mettere a disposizione del mutuante la somma pattuita nel contratto di mutuo al momento della sottoscrizione dello stesso.
Accade, in alcuni casi, che la banca non acconsenta all'erogazione contestuale in quanto richiede l'espletamento delle necessarie formalità relative all'iscrizione a al consolidamento dell'ipoteca. Solo dopo il consolidamento dell'ipoteca, infatti, questa diviene a tutti gli effetti idonea a fornire all'istituto mutuante la garanzia necessaria all'erogazione. Esistono casi in cui la banca decide di attendere il consolidamento dell'ipoteca e quindi opta per procede all'erogazione differita del mutuo casa; questo può avvenire per motivi legati alla tipologia del mutuo (mutui fondiari, mutui a stato avanzamento lavori, mutui edilizi) o alle caratteristiche del soggetto titolare della proprietà del bene offerto in garanzia (a titolo di esempio una società che, in quanto soggetto fallibile, può essere sottoposta ad azione revocatoria).
Nei casi di erogazione differita del mutuo, il prestito verrà messo a disposizione del mutuatario solo successivamente al consolidamento dell'ipoteca e all'avverarsi di determinate condizioni concordate nel contratto di mutuo, mediante accredito diretto su un determinato conto corrente o a mezzo di ordine di bonifico irrevocabile.

# Il contratto condizionato e l'atto di quietanza

Accade nella prassi che la banca non acconsenta all'erogazione contestuale della somma in quanto richiede l'espletamento delle necessarie formalità relative all'iscrizione dell'ipoteca. In certi casi si può optare per il doppio atto, contratto condizionato e successivo atto di quietanza dopo il consolidamento dell'ipoteca. Questa procedura era molto diffusa in passato, e serviva allo scopo di erogare il prestito contestualmente alla firma dell'atto di acquisto di un immobile, in quanto l'ipoteca iscritta con il contratto condizionato è oramai consolidata.

Nel caso di doppio atto, dunque, in un primo momento viene stipulato il contratto condizionato e solo in seguito al consolidamento dell'ipoteca viene sottoscritto l'atto di quietanza; questa prassi è oramai abbandonata a favore di altre modalità di erogazione contestuale, ed è oggi dedicata a particolari tipi di mutui o a particolari esigenze del mutuatario. Il contratto condizionato è un contratto di mutuo all'interno del quale sono previste sia delle pattuizioni contrattuali che regolamentano con immediata efficacia le modalità di iscrizione dell'ipoteca, sia altre clausole che prevedono una serie di opzioni regolamentari da applicarsi successivamente a detta iscrizione e che consentono alle parti contraenti di scegliere in una fase successiva, cioè nell'atto di quietanza, molte delle condizioni contrattuali e la stessa modalità di erogazione del mutuo. Accade quindi, a titolo esemplificativo, che nel contratto condizionato siano previste le modalità del calcolo del tasso fisso e i parametri che andranno a determinarlo, ma che la loro scelta ed esecuzione sia rinviata al successivo atto di quietanza. La banca, pertanto, sottoscriverà il contratto condizionato mediante il quale verrà concessa unicamente l'ipoteca e, decorsi almeno undici giorni dall'iscrizione di quest'ultima, acconsentirà alla stipulazione dell'atto di quietanza con contestuale erogazione dell'importo.

## Il prefinanziamento del mutuo

Il prefinanziamento consente in molti casi di ottenere il prestito contestualmente alla firma del contratto di mutuo.

Il prefinanziamento indica un momento anteriore all'erogazione di un prestito. Nella prassi può accadere che il contratto di mutuo, contratto che regolamenta le modalità di rimborso ma anche quelle di erogazione del prestito, preveda l'erogazione differita del mutuo. Il mutuo quindi verrà erogato non contestualmente ma solo dopo che sarà decorso il tempo necessario, undici giorni, affinché l'ipoteca sia definitivamente consolidata. Detta modalità di erogazione, tuttavia, può creare non pochi problemi al mutuatario, soprattutto nell'ipotesi in cui questi debba impiegare la somma di denaro erogata dalla banca proprio per acquistare l'immobile sul quale deve essere iscritta l'ipoteca. Per rispondere a questa esigenza, nella prassi può accadere che la banca, qualora non preveda nel contratto di mutuo l'erogazione contestuale, conceda al cliente il prefinanziamento, una sorta di scoperto in conto corrente bancario, affinché questi abbia la disponibilità di una somma di denaro prima dell'erogazione del mutuo che, naturalmente, dovrà essere restituita in sede di erogazione.

Il prefinanziamento andrà quindi a coprire il periodo che va dalla firma del contratto di mutuo fino all'effettiva erogazione dello stesso, momento in cui il prefinanziamento verrà estinto. Naturalmente l'istituto di credito non concede detto strumento finanziario gratuitamente, sulla somma anticipata mediante prefinanziamento dovranno essere pagati gli interessi passivi, che in genere sono di poco superiori a quelli convenuti per il mutuo. Di fatto il costo del prefinanziamento, pur con un tasso d'interesse maggiore, comporta per il mutuatario l'esborso di una somma ridotta rispetto alla normale rata del mutuo, dato che dovrà rimborsare solo gli interessi e non anche una quota di capitale, come invece accade nella rata di rimborso del mutuo, e perciò il costo del prefinanziamento non andrà a influire negativamente nei conti economici del mutuatario.

**L'erogazione S.A.L.**

E' possibile richiedere un mutuo non solo per acquistare un immobile ma anche per costruire casa, mutuo fondiario o mutuo edilizio, o per ristrutturarla, mutuo per ristrutturazione.

Naturalmente le modalità di erogazione della somma richiesta nei casi di immobili in costruzione o soggetti a interventi di ristrutturazione variano rispetto a quelle adottate per un mutuo per il quale viene offerto in garanzia un immobile già ultimato.

Per finanziare un immobile in corso di costruzione o di ristrutturazione si utilizza l'erogazione a S.A.L., erogazione a stato di avanzamento lavori.

In sostanza il mutuo non viene erogato in un'unica soluzione bensì a tranche, in base al costo dei lavori effettivamente eseguiti, che andranno ad aumentare il valore del bene oggetto del mutuo. Periodicamente quindi, quando le opere eseguite raggiungono un valore predeterminato, sarà erogata una parte del mutuo, preceduta da un sopralluogo del tecnico incaricato dalla banca il quale attesterà l'effettivo stato di avanzamento dei lavori. A questo punto pare lecito domandarsi il criterio di applicazione degli interessi passivi: naturalmente gli interessi matureranno sulle somme effettivamente erogate e non sull'importo complessivo del mutuo.

# I Costi del Mutuo

## Le spese di istruttoria

Quando si chiede un mutuo è sempre bene tenere in considerazione che l'istruttoria che l'istituto mutuante dovrà eseguire per arrivare alla delibera e alla successiva erogazione del mutuo ha un costo, che rientra nelle spese di istruttoria.
Nel corso dell'istruttoria la banca verifica la situazione patrimoniale e reddituale del mutuatario, al fine di determinare la capacità di rimborso del cliente finanziato e giungere, quindi, alla delibera del mutuo. Le spese di istruttoria possono variare a seconda dell'istituto di credito e del tipo di mutuo richiesto e possono essere determinate in misura fissa oppure possono essere espresse in percentuale dell'importo di mutuo. Va da sé che in quest'ultimo caso le spese aumentano proporzionalmente all'aumentare della somma richiesta con il mutuo. In ogni caso il costo viene solitamente detratto dalla somma finanziata al momento dell'erogazione e quindi il mutuatario incasserà l'importo di mutuo al netto delle spese. Si badi, inoltre, che di fatto rientra nel novero delle spese d'istruttoria anche il costo della perizia. Abbiamo visto che la banca richiede a garanzia della somma concessa con il mutuo il rilascio di una garanzia ipotecaria sull'immobile, immobile che sarà quindi oggetto di perizia da parte di un tecnico nominato dalla banca il quale dovrà determinarne il valore commerciale.
Naturalmente anche il costo della perizia dovrà essere sopportato dal cliente e il suo ammontare può essere determinato in misura fissa (ad esempio euro 300) oppure variabile in base al valore della perizia ad esempio euro 300 per immobile del valore sino a euro 200.000, euro 500 per un immobile del valore sino a euro 500.000). In genere tale costo non viene solitamente corrisposto alla banca ma direttamente al perito incaricato. Lo scopo della perizia, pertanto, è quello di garantire alla banca la corretta iscrizione ipotecaria, la libera

commerciabilità dell'immobile e la sua idoneità a garantire la somma erogata.

Se delle volte, d'altro canto, accade di pensare alla perizia come un costo aggiuntivo e inutile è bene, in verità, tenere in considerazione che con detto strumento non viene tutelato solo l'istituto di credito ma anche lo stesso mutuatario; una perizia espletata da un tecnico abilitato e, come tale, responsabile delle dichiarazioni rese, consente all'acquirente dell'immobile di avere una valutazione obiettiva di ciò che acquista.

## Le imposte sui Mutui Casa

Anche il mutuo è assoggettato al regime delle imposte.

La normativa riguardante le imposte sui mutui è piuttosto semplice ed è bene conoscerla cosicché quando ci si accinge a stipulare un contratto di mutuo si sarà consapevole dei costi aggiuntivi derivanti dalle imposte nonché delle eventuali agevolazioni delle quali si può godere. Le imposte da applicare sul contratto di mutuo sono diverse a seconda del soggetto che lo concede e delle sue finalità; prendiamo in considerazione il classico mutuo erogato da un istituto bancario.

Il D.P.R. 29 settembre 1973 n. 601 (Disciplina delle agevolazioni tributarie) espressamente prevede che "le operazioni relative ai finanziamenti a medio lungo termine e tutti i provvedimenti, atti, contratti e formalità inerenti alle operazioni medesime, alla loro esecuzione, modificazione ed estinzione, alle garanzie di qualunque tipo da chiunque e in qualsiasi momento prestate e alle loro eventuali surroghe, sostituzioni, postergazioni, frazionamenti e cancellazioni anche parziali, ivi comprese le cessioni di credito stipulate in relazione a tali finanziamenti, effettuate da aziende e istituti di credito e da loro sezioni o gestioni che esercitano, in conformità a disposizioni legislative, statutarie o amministrative, il credito a medio e lungo termine, sono esenti dall'imposta di registro, dall'imposta di bollo, dalle imposte ipotecarie e catastali e dalle tasse sulle concessioni governative". La medesima legge prevede, tuttavia, che i soggetti che effettuano le operazioni sopra indicate sono tenuti a corrispondere, in luogo delle imposte di registro, di bollo, ipotecarie e catastali e delle tasse sulle concessioni governative, la imposta sostitutiva la quale si applica indipendentemente dalla circostanza che il finanziamento sia o meno assistito da garanzie, in particolare da garanzie ipotecarie.

L'imposta sostitutiva sui finanziamenti bancari a medio e lungo termine (quelli cioè superiori a 18 mesi) è pari allo 0,25% dell'importo finanziato erogato nell'ipotesi di acquisto, costruzione o ristrutturazione di un immobile a uso abitativo per il quale si può usufruire delle agevolazioni prima casa, ivi incluse le relative pertinenze. L'imposta sostitutiva nella percentuale sopra indicata si applica anche alle operazioni di finanziamento destinate alla surroga, sostituzione e rinegoziazione di mutui precedentemente contratti per l'acquisto, costruzione e ristrutturazione di un immobile a uso abitativo come prima casa.

In tutti gli altri casi, qualora l'immobile per il cui acquisto, ristrutturazione o costruzione non possegga i requisiti della prima casa, l'imposta sostitutiva è pari al 2% dell'importo finanziato. Ovviamente, nel caso di mutuo contratto per l'acquisto di un immobile, l'imposta sostitutiva andrà ad aggiungersi alle altre imposte derivanti dall'atto di acquisto.

## Il notaio

Una volta che l'istituto bancario ha deliberato il mutuo ed è stata esperita con esito positivo la perizia, viene affidato l'incarico al Notaio di provvedere alla stipula del contratto di mutuo, atto formale con il quale, finalmente, la banca si impegna a erogare la somma richiesta e il mutuatario a restituirla secondo le modalità pattuite. Le funzioni svolte dal notaio trovano fondamento nella normativa vigente nel nostro ordinamento; bisogna, tuttavia, perlomeno sotto il profilo concettuale, comprendere che il contratto di mutuo non necessita della forma scritta per atto pubblico se non nel caso in cui la somma mutuata venga garantita da iscrizione ipotecaria.

La funzione del notaio nell'atto di mutuo è quella di accertare che l'immobile oggetto di garanzia sia libero da eventuali formalità pregiudizievoli e, inoltre, consentire l'iscrizione dell'ipoteca così garantendo alla banca mutuante l'espletamento delle necessarie formalità affinché la garanzia concessa dal mutuatario sia efficace.

Quindi la prima azione del Notaio è quella di fornire alla banca mutuante la relazione notarile preliminare, un documento con il quale, dopo aver eseguito le opportune verifiche presso l'Agenzia del Territorio, il Notaio identifica, in base alle risultanze catastali, con precisione i beni posti a garanzia del mutuo e sui quali sarà iscritta l'ipoteca a favore della banca e attesta l'esistenza o meno di iscrizioni e trascrizioni gravanti sugli stessi beni.

La banca, una volta ricevuta la relazione notarile preliminare e verificato che nulla osta al rilascio del mutuo, invia al Notaio la "minuta" dell'atto di mutuo, contenente tutte le pattuizioni che andranno a regolamentare il rapporto tra mutuante e mutuatario.

A questo punto il Notaio può fissare con le parti la data dell'atto di mutuo, che potrà essere stipulato sia presso lo studio del notaio stesso sia presso i locali della banca erogante, e una volta sottoscritto il contratto di mutuo il notaio potrà procedere all'iscrizione dell'ipoteca sul bene messo a garanzia.

L'erogazione del mutuo avverrà secondo quanto previsto nel contratto.

## Agevolazioni per l'acquisto della prima casa

Quando si contrae un mutuo acquisto prima casa si può godere di particolari agevolazioni. Anche il sistema, pertanto, riconosce l'impatto sociale esercitato dalle esigenze connesse all'acquisto della prima abitazione. Il legislatore con una serie di interventi normativi (DPR 22.12.1986 n. 917, legge 23.12.2000 n. 388) ha previsto delle agevolazioni fiscali per chi contrae un "mutuo prima casa" e, più precisamente:

- Riduzione al 3% dell'imposta di registro.
- Riduzione in misura fissa dell'imposta ipotecaria e catastale a euro 168,20.
- Applicazione agli interessi passivi della detrazione irpef in misura del 19% su un importo massimo di euro 3.615,20 annui.
- Se si acquista da un'impresa pagamento dell'IVA ridotta al 4%, anziché il 10%.

Tutte le agevolazioni si applicano anche sull'acquisto di pertinenze all'abitazione principale, anche se questo avviene in un secondo momento, purché queste siano destinate al servizio della casa di abitazione in modo durevole e appartengano alle categorie catastali C2 (cantine e soffitte), C6 (garage o box auto) o C7 (tettoia o posto auto).
Per poter usufruire di detti vantaggi, tuttavia, devono essere presenti dei requisiti minimi quali:

1. L'immobile non deve essere "di lusso" come definito dal D.M. 2.8.1969 (fra le tante caratteristiche degli immobili di lusso, superficie utile complessiva superiore a mq 160, esclusi dal computo terrazze e balconi, cantine, soffitte, scale e posto macchine; altezza libera netta del piano superiore a m 3,30) e deve rientrare nella categoria catastale A/1 e A/11.
2. L'immobile deve essere ubicato nel Comune dove l'acquirente ha la propria residenza o intende stabilirla

entro 18 mesi dall'acquisto o nel Comune nel quale l'acquirente svolge la propria attività lavorativa.

3.  La dichiarazione di voler stabilire la residenza nel Comune ove è ubicato l'immobile deve risultare nell'atto di acquisto.

4.  L'acquirente non deve essere titolare, sia in modo esclusivo sia in comunione con il coniuge, di nessun diritto di proprietà, usufrutto, uso, abitazione di un'altra casa posta nel Comune in cui ha intenzione di effettuare l'acquisto.

5.  L'acquirente non può essere titolare di diritti di proprietà, uso, usufrutto, abitazione o nuda proprietà relativamente ad abitazioni già precedentemente acquistate, da lui o dal coniuge, su tutto il territorio nazionale e avendo goduto delle agevolazione per l'acquisto della prima casa.

6.  Nel caso in cui l'acquirente sia stato trasferito temporaneamente all'estero per lavoro, l'immobile si dovrà trovare nel Comune dove ha sede o dove viene esercitata l'attività da parte dell'impresa da cui dipende il futuro acquirente mentre per i cittadini italiani residenti all'estero (iscritti all'AIRE) l'immobile può trovarsi in qualsiasi comune d'Italia ma deve trattarsi di una "prima casa" posseduta sul territorio italiano.

E' evidente, quindi, che quando ci si accinge alla stipula di un mutuo prima casa si devono sempre considerare le agevolazioni delle quali si potrà godere.
Altra agevolazione è il credito d'imposta.
A favore di coloro i quali vendono un immobile per il quale al momento dell'acquisto hanno usufruito delle agevolazioni "prima casa" viene riconosciuto un credito d'imposta se entro un anno dalla vendita acquistano un altro immobile non di lusso adibito a "prima casa". Il credito d'imposta di fatto è pari all'ammontare dell'imposta di registro o dell'IVA corrisposta in relazione al primo acquisto agevolato, ma non può essere superiore all'imposta di registro o all'IVA dovuta in relazione al secondo acquisto. Così, se l'imposta di registro per il primo acquisto è pari a euro 5.250 mentre quella per il secondo

acquisto è di euro 4.500: il credito d'imposta sarà pari a euro 4.500.